전인교육의 이론과 실제

— 인성교육의 방향

◀ 전인교육의 이론과 실제 -인성교육의 방향- ▶

2001년 8월 30일 초판 발행
2016년 7월 10일 수정판 인쇄
2016년 7월 20일 수정판 발행

지은이 / Raja T. Nasr
옮긴이 / 강선보 · 정윤경 · 고미숙

인지

발행자 / 박준식
발행처 / 도서출판 원미사
등록 / 1994년 1월 18일(제6-192호)
주소 / 서울시 성북구 장위2동 65-192호
우남빌딩 202호
TEL / (02)733-6771 FAX / (02)736-4818
homepage www.pybook.co.kr
ISBN / 978-89-5544-202-1
정가 / 12,000원

♣ 파본은 교환하여 드립니다.
♣ 역자와 협의하여 인지첩부를 생략합니다.

전인교육의 이론과 실제

-인성교육의 방향-

Raja T. Nasr 지음
강선보 · 정윤경 · 고미숙 / 옮김

도서출판 **원미사**

First published in the United States
by University Press of America, Lanham, Maryland U.S.A.

역자 후기

21세기에 들어선 우리의 교육현실은 한 마디로 위기상황이다. 불과 십 수년 전만 하더라도 먼 나라 미국이나 일본의 이야기인 줄 알았던 학교붕괴와 학교폭력(집단 따돌림, 폭행, 성 폭력, 사이버 폭력 등) 등과 같은 용어가 이제는 실감나게 우리 가슴에 와 닿는다.

왜 이런 지경까지 오게 되었을까? 그것은 한 마디로 참된 인간교육, 즉 전인교육을 하지 않았기 때문이다. 그렇다면 전인교육이란 무엇인가? 그것은 "한 사람 한 사람의 생명 그 자체를 귀히 여기고, 그 몫을 찾아 보람을 안겨주어, 이웃과 더불어 어울려 살게 하는 「사람됨을 일깨워 주는 교육」(김정환, 1997)"이다. 그런데 바로 이러한 전인교육의 이념에 충실한 책 중의 하나가 본 역서인 너쉬르(Raja T. Nasr) 박사의 *Whole Education: A New Direction to Fill the Relevance Gap*(Lanham: University Press of America, 1994)이다. 이 책에서 저자가 강조하고 있는 것들은 무엇인가? 그것들 중 눈에 띄는 것 몇 가지를 정리하면 다음과 같다.

우선, 그는 생활, 즉 삶과 관련 있는 교육을 강조한다. 삶과 유리된 교육은 그 적합성을 상실한다는 것이다. 실제로 저자도 지적하고 있는 바와 같이 오늘날의 많은 학생들은 학교교육이 자신들의 삶과 관련되어 있지 않다고 생각하고 있다. 그럼에도 불구하고 오늘날의 교육은 생활과 유리된 교육으로 그 적합성의 간극을 심화시키고 있다. 예컨대 대부분의 교과의 경우 그것이 생활과 관련되어야 하는데 그렇지 못하다는 것이다. 우리의 현실에 꼭 부합되는 지적이라 아니할 수 없다.

둘째, 교과의 성격에 따라서 학생들에게 상이한 교육목표를 제시할 것을 강조한다. 모든 학생들을 동일한 교육목표에 도달하게 하는 것이 과연 가능하며, 바람직한 것인가? 예컨대 고교 졸업 후 미용사가 되기를 희망하는 학생에게 대학 입시용 미분, 적분을 강요하는 수학 수업이 과연 그 학생의 삶에 무슨 의미가 있겠는가? 따라서 저자는 수학교과의 경우 생활수학과 그보다 더 고차적인 일반수학으로 구분하여 학생들에게 가르칠 것을 제안하고 있는데, 이 또한 우리의 현실에서 눈길이 가는 대목이다.

셋째, 전인교육에 있어서 학교와 지역사회는 동반자 관계를 이루어야 함을 강조한다. 특히 저자는 전인교육에 있어서 학교와 지역사회의 상호작용과 협력이 결정적인 역할을 한다고 본다. 학부모의 학교 자원봉사활동, 학생들의 지역사회 활동, 학교와 지역사회기관의 상호교류활동 등이 미미한 우리의 교육현실에 특히 중요한 지적이다.

넷째, 전인교육의 이론뿐만 아니라 전인교육의 실제를 다양한 예시와 함께 제시하고 있다. 저자는 학교교육의 당면문제, 전인교육의 개념, 교육의 적합성 문제, 전인교육과 학습자 · 교사 · 교육과정 · 학교행정 · 지역사회와의 관계 등과 같은 이슈들에 대해 이론적 · 실제적 탐구를 시도하고 있을 뿐만 아니라, 교육현장에 실질적 도움이 될 수 있도록 각 교과들을 전인교육과 연계하여 실천적 논의를 하고 있다. 즉, 전인교육을 구현할 수 있는 실천 방안들을 구체적으로 제시하고 있다는 점이다. 바로 이것이 기존의 이론중심 전인교육관련 서적들과 다른 차이점이다.

대략 이러한 것들이 이 책의 저자인 너쉬르 박사가 눈에 띄게 강조하고 있는 것들인데, 이 모두가 우리의 교육현실에 절실하게 요구되는 것들이다.

흔히 우리의 교육현실을 이야기할 때에 지나치게 지식위주의 교육에 매달려 있다는 비판들을 하곤 한다. 사실 그러하다. 전인교육적 관점에서 볼 때, 이러한 교육현실은 지탄받아도 마땅하다. 물론 그렇다고 해서 지식교육 그 자체가 나쁘다는 것은 아니다. 단지 지식교육이 교육의 전부인 양 지나치게 강조되고 있다는 것과 그러한 교육이 학생들의 실질적인 삶과 동떨어져 있다는 것이 잘못 되었다는 것이다. 나아가 더 큰 문제는 이러한 교육의 결과가 장차 초래하게 될 비인간적 행태들에 있다.

과거와 별 차이 없이 오늘날의 교육도 여전히 머리속에 지식을 넣어주는 식의 교육이 계속됨으로써 학생들의 머리는 점차로 커지고 있다. 그러나 상대적으로 가슴은 점차 오그라들고 있을 뿐만 아니라 차가워지고 있다. 즉 지적 교육이 강조됨으로써 학생들의 머리는 커지고 있으나, 상대적으로 정의적(情意的) 교육은 약화됨으로써 가슴은 작아지고 있다. 결국 인간의 가치관, 태도, 신념, 도덕 등에 큰 영향을 미치는 정의적 교육기능이 약화됨으로써 인간성은 점차 마멸되고, 도덕성은 퇴보하고 있다. 머리는 커지고 가슴은 작아지게 하는 교육, 그러한 교육은 기형적인 반쪽 인간(half man)을 만든다. 우리의 미래 사회가 반쪽 인간으로 득실거리고 있을 것을 상상하는 것은 그리 기분 좋은 일이 아니다. '머리만 크게 하는 교육'의 부정적 결과는 우리 사회의 미래를 어둡게 할 것이다. 그러므로 머리만 큰 기형적 반쪽 인간을 기르는 교육이 아니라, 머리도 크고 가슴도 큰 전인(whole man)을 기르는 교육으로 하루 빨리 방향전환을 하여 거듭나야 한다. 이것이 이 책을 번역하게 된 동기이다.

모쪼록 이 책이 대학의 예비교사들과 현장의 교사들에게 많은 도움이 되기를 바랄 뿐이다. 그리고 이 책이 나올 수 있도록 교정을 보아준 김희선 박사와, 이 책의 출판을 흔쾌히 맡아 예쁘게 단장해 준 안상준 사장님과 노현 부장님 이하 여러분들에게 이 자리를 빌려 감사의 뜻을 전한다.

2016년 5월 30일
안암동 연구실에서
역자를 대표하여 강 선 보

서문

이 책을 처음 읽었을 때, 내가 받은 느낌을 우선 말하는 것이 좋을 것 같다.

제 1 장은 교육계가 당면한 문제, "전인교육"의 정의, 현행 교육이 학생들에게 적합한가의 문제를 다루고 있다. 내가 그 장을 읽었을 때, 나는 저자인 너쉬르(Raja T. Nasr)가 교육의 과정을 충분히 이해하고 있고, 학교와 학생들에 대해 정말로 걱정하고 있다는 것을 확신할 수 있었다.

그는 교사를 발견자, 촉진자, 지도자, 상담자로 기술하고 있다. 나 역시 이와 같이 교사를 기술하는 것에 동의한다. 물론 이것을 누구에게나 요구하는 것은 무리한 일이다. 이것은 아동과 청소년의 삶에서 차지하는 교사의 중요성을 지적한 것이다. 교사는 수업방식을 학생들의 요구에 따라 계획하고 맞추는 것이 중요하다고 지적하고 있는데, 이것은 타당한 일이다. 나는 초등학교 교사, 중등학교 교사, 대학 및 대학원 교수로 지내면서 다양한 수업을 해보았고, 성인들도 15년간 가르쳐왔다. 나는 저자의 지적처럼 교사가 네 가지 중요한 역할을 수행해야 한다는 데 대해 이의가 없다. 학습 및 국내외 다른 사람들과의 관계에서 용인된 행동의 모델이 되는 교사는 학생들에게 긍정적인 방식으로 영향을 미칠 수 있다.

언어과, 사회과, 수학과, 과학과 등과 같은 영역에서 전인교육을 강조하는 것은 각 교과의 내용면에서 매우 유용할 뿐만 아니라 다양한 방법을 수행한다는 점에서도 가치롭다고 본다.

이 책은 나라마다 강조하고 있는 학습 내용에 대한 통합적 접근에 중요한 기여를 할 것이다. 동시에 이 책은 전문적인 교육자에게도 유용한 많은 아이디어를 제공해 줄 수 있을 것이다.

Martha Tyler John[1)]

---

1) Martha Tyler John는 교육학박사로, 현재 케냐 나이로비의 아프리카 나자렌 대학(Africa Nazarene University) 부총장이고, 버지니아주 알링톤의 메리마운트 대학(Marymount University) 사범대학장을 역임한 바 있다.

저자 서문

주지하다시피 특히 중등교육 수준에서의 교육은 여러 가지 병을 앓고 있다. 기본적인 문제들이 잘못되었기 때문에 많은 학생들은 그들이 받고 있는 교육이 자신들의 삶에 의미있게 와 닿지도 않을 뿐만 아니라 적합하지도 않다고 생각한다. 이런 서글픈 상황이 우리의 지역사회에 심각한 결과를 초래하고 있다. 이런 상황이 바뀔 수 있을까?

이와 같은 상황을 바로 잡는데 관심이 있는 모든 사람들이 다 같이 노력한다면, 우리는 그 물음에 대하여 힘차게 소리 높여 '예'라고 대답할 수 있을 것이다. 아마도 교육자들이 솔선 수범해야 할 사람들이겠지만, 그 해결책은 전체적으로 지역사회의 협력 여부에 달려 있다. 『전인교육의 이론과 실제: 인성교육의 방향』(*Whole Education*)은 삶의 의미를 회복하고 중등교육이 당면하고 있는 적합성의 간극(relevance gap)을 메우는 데 여러 가지 측면에서 새로운 방향을 제시해 줄 것이다.

나는 몇몇 학교나 학교제도가 이 책에서 제안한 전인교육의 기본원리를 채택하고, 그 단계들의 실천방법을 보여주며, 나아가서는 그러한 전인교육이 학생들과 지역사회의 삶의 질을 향상시키는 실제적인 본보기를 보여준다면 더 큰 바람이 없겠다.

Raja T. Nasr

한국 독자를 위한 서문

나는 4개 대륙 20개 이상의 나라에서 초·중등 교사들을 가르쳐 왔다. 나는 미국에서 한국인 교사 몇 사람을 가르쳐 본 경험이 있다. 그들의 좋은 성격과 교육에 대한 열정에 나는 깊은 감명을 받았었다. 따라서 이렇게 말할 수 있는 기회를 얻게 되어 무척 기쁘게 생각한다.

교육이 여러 가지 병을 앓고 있다는 것은 전 세계적으로 알려진 사실이다. 물론 어느 나라는 다른 나라보다도 특히 교육문제가 더 심각하다. 그것은 어떤 근본적인 문제들이 잘못되었기 때문이다. 자라나는 많은 학생들은 그들이 받고 있는 교육이 적합하지 않고 그들의 삶과 의미있게 관련되지 않는다고 느낀다. 이와 같은 상황이 많은 사회에서 심각한 결과를 초래하고 있다. 이런 상황이 바뀔 수 있을까?

이 상황을 바로잡는데 관심이 있는 모든 사람들이 다 같이 노력한다면, 그 대답은 단연코 '예'가 될 것이다. 아마도 한국의 교육자들이 솔선 수범해야 할 사람들이지만, 진정한 해결책은 전체적으로 지역사회의 협력에 달려 있다. 『전인교육의 이론과 실제: 인성교육의 방향』

(*Whole Education*)은 중등교육의 의미를 회복하고 적합성의 간극(relevance gap)을 메우도록 하는 데 일선에 있는 많은 교육자들에게 새로운 방향을 제시해 줄 것이다.

몇몇 학교나 학교제도가 『전인교육의 이론과 실제: 인성교육의 방향』(*Whole Education*)에서 제안하는 기본원리들을 채택하기를 바라며, 그 단계들이 어떻게 실천될 수 있으며, 더 중요하게는, 전인교육이 학생들의 삶과 지역사회에서의 일반적인 삶의 질에 어떤 차이를 만들어낼 것인가에 대해 생생한 본보기를 제공하기를 바란다.

내가 미국에서 가르쳤던 한국인 교사들이 일반적인 한국인 교사들의 자질을 대표한다면, 나는 전인교육의 원리들이 한국에서 가장 성공적이며 효과적으로 적용될 수 있으리라고 확신한다.

Raja T. Nasr

교육학과 교수
메리마운트 대학
버지니아 주 알링톤

2000. 3. 8

차 례

01

들어가며: 교육, 무엇이 문제인가?

교육이 오늘날 여러 가지 병을 앓고 있다는 것은 분명하다. 이것은 대부분의 주(州)에 있는 수많은 학교들이 어떤 고무적인 노력을 하고 있지 않다는 말은 아니다. 하지만 전반적으로 시급한 변화가 필요하다. 아마도 '교육은 적합성의 간극(relevance gap)으로 시달리고 있다'라는 표현이 이러한 교육문제를 가장 잘 나타내 줄 수 있는 표현일 것이다.

교육이 병들어 있기 때문에, 지역사회도 해를 입고 있고, 학생들 역시 거의 모든 것에서 손해를 보고 있다. 막대한 돈이 교육에 쓰여지고 있지만, 낮은 학력수준, 중퇴자, 학생 수 감소, 마약, 범죄의 문제는 그치지 않고 있다. 적절한 동기부여도 사라져 버렸다. 정치가들은 서로 앞 다투어 해결책을 찾고 있지만, 학교제도는 적절한 조치를 취하지 못하고 제자리 걸음만 하고 있다. 교육은 그 적합성을 잃어버린 것 같다.

교육현장에서 볼 수 있는 몇 가지 병은 대단히 심각하다. 실제로 모든 학구는 학생들의 동기 부족, 훈련 부족, 선배나 동료에 대한 존중심 부족, 모든 학업에서 흥미 부족, 학생 수 감소, 결석, 방황, 낮은 학업 성취, 산만한 수업시간, 학업부진, 중퇴 등의 문제를 겪고 있다. 영어 수준은 형편없어 1971년과 1990년 사이에 읽기능력이 거의 향상되지 않았다. 17세 학생들에게 읽기능력은 '전문적인 독서 자료'를 종합하는 것은 말할 것도 없이, '비교적 복잡한 정보'를 이해하고, 요약하며, 설명하는 수준에도 도달하지 못했다. 쓰기능력 역시 최저수준이다. 과학과 수학에서의 수준은 딱할 정도다. 학생들은 수학에서 측정을 거의 이해하지 못하고 있고, '보다 복잡한 문제'를 풀지 못한다. 과학도 마찬가지여서 학생들은 '과학적인 원리'를 거의 이해하지 못하고 적용하지 못한다. 1991년 미국학생들은 수학에서 한국, 대만, 소비에트 연방, 프랑스, 캐나다의 학생들보다 훨씬 뒤떨어졌다(*The Condition of Education 1992*). 사회과학과 미술에서 평균수준은 대단히 유감스럽다. 고등학교를 졸업한 학생들의 비율은 비참할 정도로 낮다. 1988-90년 중퇴율은 8-10학년은 약 7%이고, 10-12학년은 약 18%이다. 나머지 학생들 중에서도 고등학교를 졸업한 비율은 90% 미만이었다(*The Condition of Education 1992*). 대학에 등록하는 학생의 비율은 훨씬 더 낮다. 고등학교를 졸업한 그 해에 대학에 등록하는 학생들은 1988-1991년 약 60～62.5%였다(*Digest of Education Statistics 1992*).

물론 가정적·사회적·경제적인 요인들도 그 책임이 있기는 하지만, 주된 책임은 당연히 교육적인 요인에 있다. 교육은 해야 할 일을 전혀 하고 있지 않다. 교육의 목표도 적합하지 않다. 교과서는 너무나 무미건조하고 딱딱하다. 교육과정 역시 지나치게 틀에 박혀있고 빡빡하다. 교육방법 역시 대부분 너무 형식적이다. 교육은 그 적합성을 잃어버린 것 같고, 학생들은 뭔가가 잘못되었다고 느낀다. 따라서 학생들에게 반감이 만연되어 있다는 것은 놀랄 일이 아니다. 이러한 적합성의 간극은 우리가 생각하는 것보다 훨씬 심각하므로, 더 늦기 전에 바로 잡아야 한다. 그렇다면 해결책은 어디에 있는가?

더 많은 돈, 더 많은 도서관의 책, 더 많은 장비, 더 많은 교직원이 그 해결책이 되지는 못한다. 전체 프로그램의 방향에 변화가 없다면, 교사의 수가 더 많아지고 교육을 더 잘 받는다고 해서 반드시 그 해결책이 되는 것은 아니다.

'2000년을 대비한 국가교육목적'(The national goals of education for the year 2000)은 너무 일반적이어서, 중등교육이 취해야 할 방향에 어떤 실제적인 지침을 제공하지 못한다. 2000년을 대비한 여섯 가지 국가교육목적은 다음과 같다.

목적 1: 모든 아동들이 학교에 다닐 준비도(readiness for school)를 갖추게 한다.

목적 2: 고등학교 졸업률을 90%로 높인다.

목적 3: 4학년, 8학년, 12학년 학생들이 모든 교과에서 학업성취를 향상하도록 한다.

목적 4: 세계에서 미국학생들이 과학과 수학에서 가장 우수한 성적을 받도록 한다.

목적 5: 미국 성인 100%가 글을 읽고 쓸 줄 알게 한다.

목적 6: 모든 학교에서 마약과 폭력을 추방시킨다.

이러한 목적 중에서 목적 3과 목적 4만이 직접적으로 교육과정을 다루고 있다고 볼 수 있다(*America 2000*). 1990년과 1991년의 연구들에 따르면, 2000년까지 이러한 국가교육목적을 성취할 가능성이 적다고 한다(Elam, Rose, and Gallup, 1991). 나머지 네 개의 교육목적은 고등학교 프로그램과 교육과정에 비추어 볼 때 주변적인 것이다. 따라서 국가수준에서 고등학교 교육에 대한 보다 많은 직접적인 지침을 제공하는 것이 필요하다.

그렇다면 정말로 잘못된 것은 무엇인가? 21세기가 다가오고 있지만, 학교들은 여전히 낡은 방식으로 매우 전통적인 역할을 수행하고 있다. 정치가로부터 지역사회 지도자, 학부모, 교사, 대학 그리고 직장에 이르기까지 모든 사람이 낮은 학력 수준에 대해 비난하고 있는데도, 모든 피드백이 왜 교육제도를 개선시키고 있지 못한지 이상한 일이다. 우리는 여전히 학교를 지역사회의 생활로부터 고립시키고 있고, 지식을 분과적으로 구획짓고, 학생 개개인에게 주의를 기울이지 않고 있으며, 학생평가는 타고난 재능과 자질의 확인이 아닌 판에 박힌 기계적 평가로 치닫고 있다.

너무나 많은 것이 근본적으로 잘못되었기 때문에, 학생들은 학교가 제공하고 있는 것에서 그 어떤 적합성이나 의미를 찾지 못하고 있다. 학교와 지역사회는 이러한 문제를 끊임없이 회피해왔다.

그렇다면 해결책은 무엇인가? 기본적으로 뭔가가 잘못되었다는 것을 인정하고(특히 고등학교 교육에서), 그 상황을 진지하게 바로잡으려면, 첫 번째 필요한 것은 새로운 사고방식(new mind-set)으로 사고를 전환하는(mind-shift) 것이다. 새로운 사고방식을 갖게 될 때, 우리는 아주 새로운 출발을 하는 것은 아니라 하더라도, 적어도 구 교육과정 내용과 교과(disciplines), 전통적인 수업방법에 대해 어떤 과거의 편견과 애착을 갖지 않고 중등교육을 볼 수 있을 것이다. 이것을 출발점으로 시작한다면, 두 가지 것, 즉 전체 중등학교 교육제도에서 방향있는 변화(a directional change)와 질적인 변화(a qualitative change)가 동시에 필요하다는 것을 깨닫는데 많은 지혜와 상상력이 요구되지는 않을 것이다.

전인교육은 교육적 병의 원인인 적합성의 간극을 메우는데 필요한 '방향 있는 변화'와 '질적인 변화'를 제시해준다.

02

전인교육이란 무엇인가?

작가나 독자들은 하나의 용어나 개념을 한두 문장으로 정의하고 싶어한다. 특히 그 개념이 새로운 것이나 새로운 것에 관한 것이면 더욱 그렇다. 그러나 이러한 짧은 정의는 그 정의 이면에 있는 의미를 충분히 설명하지 못하기 때문에 별 가치가 없다. 예를 들어 '교육은 삶 자체이다' '교육은 삶에 대한 준비이다' '교육은 문제상황에 적응해 가는 과정이다' '교육은 성장과 발달의 과정이다'라는 여러 가지 교육에 대한 정의가 있다. 이러한 교육에 대한 정의로부터 어떤 결론을 내릴 수 있겠는가? 이런 식의 정의는 그 용어의 진정한 의미를 밝히는데 타당하지 않다는 것이 분명하다.

이러한 결함을 피하고 전인교육과 관련된 것을 잘 이해하기 위해, 전인교육에 대한 부분적인 정의를 다양하게 제시할 것이다. 각각의 정의를 모아 놓으면 이러한 부분적인 정의들은 전인교육의 성질이나 특성이 갖는 다양한 측면을 밝히는데 도움이 될 것이다.

1 전인교육은 풍요로운 삶을 위한 준비이다.

이것은 누구에게나 해당되는 말이다. 보다 풍요로운 삶을 누린다는 개념은 성경에 기원을 두고 있는데, 여기에는 학생이든 아니든 모든 사람에게 해당되고 적용될만한 삶의 필수적인 측면이 있다. 그러한 삶은 본질적으로 생존 또는 최저 생활 수준으로 환원될 수 있다. 물론 이것은 상대적이다. 어떤 상황에서는 죽지 않을 만큼의 음식물이 최소한의 생존을 의미할 수 있다. 나아가 보다 세련된 안식처, 직업, 교육, 투자, 물질적 소유, 품위 있는 사회생활, 권위, 사회적 지위, 명성 등을 포함할 수도 있다. "보다 풍요롭게"는 위에서 언급한 것이 단지 '더 많다'거나 '보다 풍부하다'는 의미 이상이다. 그것은 내적인 만족, 자기충족, 도덕적 능력, 정당화, 용서와 구원에 대한 믿음이나 약속, 혹은 이러한 것들의 결합을 뜻할 수 있다.

전인교육은 어떤 주의나 신앙, 믿음, 교리를 강요하지 않는다. 그렇지만 전인교육은 자신의 믿음을 자기 전체 자아와 관련짓고, 또 개인생활, 사회생활, 직업생활, 취미생활과 관련짓는 것에서 의미를 찾는 사람에게 문이 열려 있다. 모든 사람은 영적 측면과 본성을 갖는다. 이러한 것이 어떤 조직적인 종교 형태와 반드시 관련될 필요는 없지만 무시되어서도 안 된다. 전인교육은 학생들의 영적 본성에 접근하는 것이고, 이런 본성을 개발하는데 도움이 되는 유익한 방법을 제공하며, 영적 본성과 삶의 다른 면들이 효과적으로 통합되도록 돕는다. 그러나 교육의 과정에서 학생의 영적 요구를 충족시킨다는 것이 교육을 교회와 국가로부터 분리하는 원칙을 폐기하자는 뜻은 아니다.

2 전인교육은 자기충족적이다.

자아실현에 관한 한, 그것과 연관된 행위보다는 말이 훨씬 더 무성해 왔음은 주지의 사실이다. 자아실현이라는 개념이 그것을 보장할 수 있는 적절한 활동과 연계되지 않고 말로만 그치는 것은 안타까운 일이다. 막대한 재정투자를 한 많은 프로그램들이 실제로 투자한 만큼 자아실현에 기여한 바가 없다는 것을 알면 모두 놀랄 것이다.

전인교육은 개인이 가지고 있는 잠재력이 꽃피고 열매맺을 수 있도록 해야 한다는 전제에서 시작한다. 사람의 잠재력을 실현하는 과정은 다음과 같이 다양한 요소가 필요하다.

a. 자기 자신에 대한 지식

b. 성장과 발달을 위한 장(場)

c. 촉진하는 분위기

자기지식(self-knowledge)은 자아실현을 위한 첫 단계이다. 지속적인 내성(introspection)의 결과 얻게 되는 자기지식이란, 자기 자신이 좋아하고 싫어하는 것, 자신의 심리, 자신의 두려움과 불안, 자신의 강점과 약점, 자신의 현실적인 야망, 자신의 공상적인 꿈, 자신의 기본적인 신념, 자신의 도덕규범, 자신의 옳고 그름에 대한 개념, 자신의 추진력, 자신의 콤플렉스와 금기사항, 자신의 반응 체계 등에 관한 지식을 말한다.

아마도 교사가 가져야 할 가장 큰 도전과 책임감의 하나는 학생의 진정한 본성을 발견하는 것이다. 교사가 학생의 본성에 기초할 때 학생 각자의 성장과 발달을 위한 적합한 장을 마련해 줄 수 있다. 교사가 똑같은 수업을 하고 숙제를 내주며 같은 활동으로 30명의 학생들을 가르치는데도 학생 30명 각자가 다른 방식으로 그것을 수용하기도 하고 거부하기도 하며, 소화하여 통합하기도 하고, 실행하고 반응한다는 것을 교사가 깨달을 수 있는 것은 학생 본성에 대한 지식 덕분이다. 전인교육은 개별적인 학습자에게 맞는 다양한 장을 제공할 수 있다.

식물이 잘 자라 열매 맺기 위해서 적당한 토양 이상의 것이 필요하듯이, 학생들도 최적의 속도로 개인의 적절한 목적을 추구하며 성장하기 위해서는 학교나 각종 수업활동 이상의 훨씬 많은 것들이 필요하다. 즉 최적의 학습을 위한 촉진적인 분위기나 촉진적인 풍토가 중요하다. 분위기나 풍토는 단지 물리적인 것만은 아니다. 좌석배치, 기온, 조명, 장비, 소프트웨어 등의 물리적인 면도 중요하지만, 무형의 분위기가 더욱 중요하다. 이와 같은 무형의 분위기로는 교사의 태도, 교실과 학교에서의 개인적인 관계와 교우관계, 전체학습과정에서의 안전감, 교실에서 자기 자신이 가치있다고 느끼는 감각, 강인함과 온화함이 잘 조화된 교실에서의 건강하고 건전한 자아상 등이 있다. 이러한 분위기가 제공되면, 학생들은 자기 수준에서 자기 속도로 편안함을 느끼는 가운데 성취감을 즐기면서 효과적으로 배울 수 있다.

3 전인교육은 인간중심적이다.

위의 말은 불필요한 부언이 아니다. 즉, 이 말은 교육이 학생중심적이라는 말과 똑같은 말이 아니며, 그 강조하는 바도 다르다. 전인교육이 인간중심적이라고 하는 것은 그것이 개별적인 인간, 인격, 전인을 강조한다는 것이다. 이러한 인격주의(personalism)는 그 자체로 역동적인 전체이며, 다른 사람이나 사물, 개념과 상호작용하는 데 있어서도 역동적인 전체로 이해될 수 있다. 전인교육은 입으로만 인격주의 개념을 말하지 않는다. 전인교육의 활동과 프로그램은 전인으로서의 인간이 자기 자신을 이해하고, 자기 자신을 관련된 개념, 가정, 학교, 사회에서 살아가는 사람들, 또 주위의 자연적인 것들과 효과적이고 의미 있는 상호작용을 하는 살아있는 유기체로서 바라볼 수 있도록 한다. 전인교육은 각각의 인간을 관념, 자연, 살아있는 인격체와 영향을 주고 받는 살아있는 인격으로 간주한다.

4 전인교육은 균형과 조화를 추구한다.

이 말 역시 불필요한 군말이 아니다. 전인교육이 균형과 조화를 추구한다는 것은 교육이 문제상황에 적응해가는 과정 그 이상의 의미를 뜻한다. 전인에 초점을 맞추면, 건강하고 건전한 평형상태가 개개인 삶의 모든 면 안에 존재해야 한다. 그러나, 갈등, 패러독스, 세력다툼, 불균형 등은 삶과 생활 곳곳에 만연하다. 사실상 인간 그 자체가 패러독스 덩어리라고 할 수 있다.

영적으로, 지적으로, 심리적으로, 사회적으로 인간은 패러독스, 불균형, 모순, 갈등을 자기 안에서 겪고 있다. 인간은 사회적이며 동시에 자기 중심적이다. 인간은 기쁨, 자부심, 행복, 야망, 사랑 등으로 고양되기도 하고 동시에 슬픔, 침체, 미움, 두려움, 공포 등으로 추락하기도 한다. 인간이 항상 이성적인 것은 아니지만 그래도 이성적 존재이다. 인간은 신의 은혜를 통해 신과 함께 하기도 하며, 동시에 신으로부터 벗어나려는 사악한 유혹에 빠지기도 한다. 또 인간은 끝없는 선택에 직면한다. 그러한 선택은 한편으로는 여러 가지 패러독스로 인한 갈등을 통해 결정되기도 하고, 또 한편으로는 이 선택이 매 단계마다 상당한 정도로 다음 행위의 방향을 결정하기도 한다.

인간에게는 그들을 여러 방향으로 끌어당기는 수많은 갈등이 있다. 보수적이고 전통적인 관점은 자유주의적이고 보다 자유방임적인 관점과 갈등하며, 보다 구식의 행동패턴은 현재 유행하는 행동패턴을 참지 못하며, 정신적 가치는 물질적 가치와 충돌하며, 이기적인 요구와 이타적인 요구는 때로는 각각 상반된 방향으로 잡아끌며, 절대적 가치는 보다 실용적인 접근을 받아들이려고 하지 않는 것 같다. '자연적인' 방식은 '인위적인' 방식 즉, 인조적이고 화학적이며 산업적이고 상업적인 방식과 갈등하는 것처럼 보인다.

이 모든 내 · 외적 갈등은 사람을 분열시킨다. 전인교육은 이러한 딜레마에 부닥친 학생들이 그것을 직시하고 다루며, 외적 불균형을 중재하는 내적인 균형과 조화를 발달시킬 수 있도록 한다. 전인교육은 교과를 각각 고립된 지식의 영역으로서 가르치지 않고, 실제 상황을 지성적이면서 또 효과적으로 다루기 위한 장(venues)으로서 가르친다. 그러나 내 · 외적 균형과 평형상태를 창조하는 것은 단번에 이루어지는 것은 아니고, 끊임없는 노력이 필요하다. 과정으로서의 전인교육은 학생들이 불균형과 부조화를 관리할 수 있게 한다.

5 전인교육은 동기부여적이다.

전인교육방법론이 시사하는 관계와 적용의 범위가 워낙 넓어서 전인교육은 학생의 활동을 자극하는 외적인 유인가가 따로 필요 없다. 모든 적합한 유인가는 전개되는 내용과 방법 속에 내재되어 있다. 모든 학생은 자신의 상상력과 흥미를 불러일으킬 무엇인가를 발견할 수 있을 것이다. 모든 학생은 자기 자신을 움직이게 할 무엇인가를 발견할 것이다. 모든 학생은 어떤 측면의 노력, 기획, 시도 혹은 주제에 관여할 수 있게 될 것이다. 각각의 학생들은 서로 다르게 읽고, 쓰고, 행하지만 학급의 모든 학생들은 똑같이 일반적인 주제를 다루게 되고, 다른 사람으로부터 서로 배우며, 그룹에 나름대로 독자적인 기여를 하게 될 것이다.

6 전인교육은 통합적이다.

전인교육이 통합적이라고 하는 것은 세 가지 의미를 갖는다.

a. 전인교육은 서로 다른 교과들을 통합한다

이때 통합은 서로 비슷한 교과끼리 통합한다는 전통적인 관점 이상의 것을 의미한다. 역사와 지리, 언어와 문학, 화학과 생물, 수학과 물리, 미술과 음악 등을 통합하는 수준에 그치지 않고, 모든 교과에 걸쳐 통합이 이루어진다. 예를 들어 전쟁이라는 주제를 언어적 차이의 결과로서 학습할 수 있다. 전쟁에 관한 철저한 학습은 응용수학능력을 요구하는 병참학에 관한 상당한 수준의 정보를 포함해야 할 것이다. 전쟁은 인간적, 인도적, 사회적, 경제적, 지리적, 정치적, 교육적, 과학적 결과를 갖게 하는 것으로 보여질 수 있다. 또한, 전쟁에 관한 학습자료를 언어적, 문학적, 예술적 관점에서 볼 수도 있다. 전쟁에 관한 어떤 영화를 드라마적 시각에서 생각해 볼 수 있다. 모든 교과는 상이한 시간에 상이한 수준에서 서로서로 영향을 미친다.

b. 전인교육은 교과를 삶의 상황 및 환경과 통합한다

예를 들어 수학은 우리가 사는 삶의 많은 측면에 영향을 미치는 필수적인 요소이다. 즉, 예산, 비용, 물건을 사고 파는 일, 기온, 속도 및 속도제한, 시간과 시기를 맞추기, 무게, 등급과 평균, 봉급과 이윤, 투자와 소득, 영양가와 식단, 약 복용량, 라디오, TV, 차, 기계, 컴퓨터, 산업, 농업, 천문학, 물리학, 공간연구, 경험 등에 영향을 주는 중요한 요소이다. 지금 교실에서 일어나고 있는 상황과 반대로, 모든 학생은 자신의 삶 속에서 수학적인 기능과 직접 관련되어 있는 어떤 것을 발견할 수 있어야 한다. 전인교육은 서로 다른 학생에게 서로 다른 방법으로 모든 교과를 살아있는 것으로 만들기 위해 통합적인 방법으로 이러한 적합성을 강조한다.

c. **전인교육은 내용을 가르치는 데 있어서 목표와 방법을 통합한다**

어느 코스든지 코스의 목표는 코스 바깥에 따로 있는 것이 아니라, 코스를 교수하고 학습하는 데 사용되는 과정이나 방법의 중요한 일부가 된다. 우리가 신문이나 잡지에서 기사를 읽을 때, 그 기사에 대한 종합적인 분석을 하기 위해 기사를 읽는 것은 아니다. 우리는 즉각적으로 기사를 이해하기 원하고, 더욱이 그 기사거리가 우리생활에 얼마나 영향을 미치는지 알기를 원한다. 우리가 정보를 읽는 방법이나 그 정보와 상호작용하는 법, 그리고 결과적으로 우리가 얻게되는 행위들은 절차이자, 그 자체가 목표를 내포하고 있다. 전인교육 역시 목표, 내용, 방법이 서로서로 얽혀 있어서 분리할 수 없다. 그것들은 하나 하나가 전체의 중요한 부분으로 작용한다.

7 전인교육은 적합성이 있다.

서로 다른 분야와 수준에서 다양한 교육프로그램들이 학생의 삶에 별 적합성이 없다. 그러므로 많은 학생들이 실망하고 용기를 잃으며 낙담하기까지 하는 것은 놀랄 일이 아니다. 아주 많은 경우 낮은 성적, 학생수 감소, 자퇴의 원인은 주로 학교에서 가르치고 행하는 것이 학생들에게 집, 지역사회, 심지어 학교에서 당면하는 문제들에 적합성이 거의 없다고 느끼기 때문이다. 전인교육은 당면한 문제에 그 중심을 두며, 교과와 활동들을 이러한 당면 문제와 관련짓는다. 적합성은 교육적인 노력에 있어서 중요한 문제이다. 학교에서 가르치는 교과와 활동은 실제 문제에 의해 영향을 받기도 하지만 동시에 그것들은 실제 문제에 영향을 미치기도 한다. 오늘날 교육에서의 적합성의 간극은 즉시 해결되어야 할 것이다. 전인교육은 바로 그 간극을 지적하고 메우어 나가려는 것이다.

8 전인교육은 의미가 있다.

각 학생들이 적합한 활동에 개인적으로 관여하기 때문에, 전인교육은 상이하지만 서로 밀접하게 관련된 세 가지 수준에서 의미를 부여한다.

a. 학생들이 행하는 다양한 활동을 통해서 전인교육은 학생들이 자신의 삶을 의미 있는 것으로 보게 한다. 자신의 삶을 의미 있는 것으로 간주하는 사람은 결코 포기하거나, 희망을 잃거나 낙담하지 않는다.

b. 전인교육은 학생들이 자신의 삶과 활동이 다른 사람에게도 의미 있는 것으로 볼 수 있게 한다. 자신의 삶과 활동은 상호작용과 대인관계에 관련되기 때문이다.

c. 삶의 상황과 조건 그 자체는 좋건 나쁘건, 재미있건 실망시키는 것이건, 의미 있는 것이 된다. 삶의 상황과 조건이 개개인에게 영향을 줄 뿐만 아니라 영향을 받기 때문이다.

9 전인교육은 내성적(內省的/introspective)이다.

전인교육의 목표, 내용, 방법은 적어도 부분적으로 학생이 자기 자신을 발견하도록 돕고 자기 자신에 대한 통찰력을 갖게 해준다. 내성은 자아실현의 과정에서 일차적인 단계로서 학생의 자기 자신에 대한 이해를 가능하게 한다. 비록 내향적인 사람(an introvert)은 앞으로 나아가고 바람직한 적응을 하기 위해서 내성이라는 통찰력을 필요로 하지만, 내성적인 사람이 반드시 내향적인 것은 아니다.

10 전인교육은 외향적(extrospective)이다.

전인교육이 내성적이라고 하는 것은 부분적으로만 옳다. 이러한 사실에 따른 결론 역시 옳다. 즉, 전인교육은 내성적인 동시에 외향적이기도 하다. 전인교육은 학생으로 하여금 자기 자신의 속도, 자기 자신의 능력, 자기 자신의 욕망과 흥미에 따라서 다른 사람과 의미 있게 상호작용하고 이러한 상호작용이 서로 간에 바람직하고 이익이 되도록 한다는 점에서 외향적이다.

그러면, 전인교육이란 무엇인가? 전인교육은 하나의 운동이며, 새로운 방향이요, 새로운 경향이며, 새로운 지향이다. 그것은 하나의 태도요 접근방법이며, 새로운 교육적 관점이다. 그것은 하나의 사고방식이요 행위양식이다. 그리고 그것은 개개 학생의 전체적인 삶, 환경 및 조건과 관련되는 방식으로 지식, 기능, 태도, 정서를 다루는 과정이다. 전인교육은 교육의 과정을 역동적이고 살아있는 것으로 만들어주며, 재미있고 자아실현적이고 균형과 조화를 추구하며, 동기부여적이며, 통합적이고, 적합성이 있는 것이며, 의미 있고, 내성적이며, 외향적으로 교육적인 과정을 다루는 방식이요, 과거 경험 전체로부터 배우고, 현재를 충실하게 살며, 오늘의 도전을 적절하게 다루며, 보다 현명하고 만족스럽고 풍요로운 내일을 기대하는 것이다.

03
전인교육과 학습자

1 들어가며

교육의 핵심이요 주된 관심이며 궁극적인 대상은 개별적인 학생, 인간, 인격체, 학습자여야 한다. 많은 교육철학자, 행정가, 사서, 교사와 교직원들은 오래 전부터 지금까지 이것을 인정해왔다. 그런데 학교와 교실에서 실제로 벌어지는 일을 보면, 이러한 원리가 말뿐이라는 것을 알 수 있다. 만일 학습자요, 가정과 사회의 구성원이며, 미래사회를 책임질 지도자로서 시민의 의무와 활동에 참여하는 학생들 개인의 정신적 · 도덕적 · 사회적 · 지적 · 신체적 복지와 행복을 걱정한다면, 학교제도는 보다 많은 개선을 해야 할 필요가 있다. 학생의 전체 복지를 구성하는 요인을 망각하고, 그러한 요인과 학교에서 제공하는 활동을 관련짓지 못하면 학교에서 이루어지는 모든 코스는 적합성을 잃고, 이미 생긴 적합성의 간극은 더욱 커질 것이다.

전인교육은 이러한 사실을 깨닫고, 끊임없이 학습자의 개인적 요소와 개인적 특성을 교육과정의 다양한 요소들뿐만 아니라 가정, 학교, 사회에서 학생들이 경험하는 전체 생활과 관련지으려고 노력하고 있다. 전인교육은 학생들의 생활 속에 관련된 여러 분야에 관심을 보이며, 그 분야에 관해 구체적인 어떤 것을 하려고 시도한다. 이것을 통해 학생들은 자기 자신의 적합성과 학교가 지원하는 모든 활동의 적합성을 알게 된다. 아래에서 논의되는 모든 사항은 하나의 전체와 관련된 부분들을 구성하는 것이라고 할 수 있다.

2 학생의 권리

많은 사람들이 학생의 권리에 대해 언급하고 있다. 학생의 권리에 관해 언급할 때 그 중 상당 부분은 그것이 실제로 또 잠재적으로 의미하고 있는 것에 대한 두려움이 깔려 있다. 학생의 권리 중 이미 확립된 무상교육의 권리를 포함해서 정서적으로 장애를 가진 아동이나 장애아들 역시 무상교육을 받을 권리, 학대받고 괴롭힘을 당하거나 놀림받지 않을 권리는 학생의 복지뿐만 아니라 여러 지역사회, 국가 전체의 복지 증진을 위한 적극적인 권리로 간주되어 왔다. 또한 적법한 절차에 관한 권리를 포함해서, 이유 없이 학생 사물함이 조사 받지 않을 권리, 언론의 자유에 관한 권리, 표현의 자유와 유사한 자유롭게 행동할 권리, 심리 절차 없이 정학당하지 않을 권리, 위원들을 고소하고 그들에게 손해배상을 청구할 권리 등이 있다. 이러한 권리는 교사나 행정가들이 행하는 서비스의 범위를 제한하거나 억제하는데 기여해왔다. 어떤 경우 교사와 상담자들은 학교가 권고된 모든 것에 대해서 배상하게 되는 것을 걱정하여 학생과 학부모에게 조언하기를 꺼려 왔다.

모든 학생의 권리는 헌법에 명시되어 있다. 그러한 권리가 헌법과 헌법 수정조항에 기초하는 한, 학생들의 교육에 종사하는 사람들은 그러한 권리를 지지하고 존중하며 실행해야 할 것이다. 문제는 학생들의 권리를 인정하느냐 아니면 두려워할 것이냐가 아니다. 진짜 본질적인 문제는 학생과 그들이 사는 지역사회의 복지를 증진시키기 위하여 이 권리를 어떻게 사용할 것이냐이다. 학생의 권리는 학교가 하고자 하는 것과 상반된 것이 아니다. 학생의 권리는 교육적인 환경 안에서 해야 할 사항 중에 중요한 부분으로 간주되어야 한다. 학생의 권리는 고립된 법조항이 아니라, 전체 상황의 한 부분일 뿐이다. 부분은 항상 다른 부분들의 입장에서 또, 다른 부분들과의 관련 속에서 보아야 한다. 이러한 권리를 부당하게 이용해왔던 학생과 학부모는 학생과 학생이 살고 있는 지역사회의 복지를 볼 수 있어야 하며, 부당한 이익을 챙기기보다는 그들의 복지에 최대한 기여해야 한다. 애정이 있고 뜻있는 많은 교사들이 학생들의 등을 두드려주고 안아주거나 배려하고 공감하기를 그만 둔 것은 학생과 학부모들이 학생의 권리를 이용해 부당한 이익을 챙기려고 한 결과 때문이다. 같은 이유에서, 교사 초년생들에게 어떤 신체적인 방법으로 관심을 나타내지 말라고 말하는 것도 그것이 법적인 소송의 근거가 되지 않도록 하기 위함이다. 이것은 아주 불행한 일이다. 왜냐하면 대부분의 학생과 교사는 극히 소수의 지각없는 학생, 학부모, 교사들의 행동의 결과 때문에 교육의 과정에서 아주 중요한 인간적인 요소를 놓치고 있기 때문이다.

3 학생의 책임

학생의 권리를 학생의 책임과 연결시키지 않고 이야기하는 것은 아주 위험한 일이다. 권리와 책임처럼 하나의 짝을 이루는 것에는 각각의 요소가 상호작용하며, 두 요소 모두 관계된 사람들에게 중요하다. 학생들이 사회적 스펙트럼의 한쪽 끝에 있으면서 그 스펙트럼의 다른 쪽 끝이나 중앙으로부터 그들의 권리를 요구하고 받으려고만 하는 것 같지는 않다. 학생들은 전체 사회 스펙트럼과 사회구조를 이룬다. 즉 그들은 받아야 할 것, 몫, 권리의 수령자이면서 동시에 그들이 참여하는 여러 지역사회에서 맡고 있는 책임을 다해야 할 행위자요 수여자이며 생산자이고 기여자이다.

가정, 사무실, 교회, 클럽, 팀 같은 작은 공동체는 모두 그것을 이루는 성원들에게 무엇인가를 요구한다. 대체로 요구하는 것은 이해, 합의, 규칙, 규범, 조례, 기대 등이다. 그러한 것들은 활동이 효과적이고 원활하게, 평화롭고 조화롭게, 또 성공적으로 이루어질 수 있도록 한다. 사람의 자유를 제한하지 않는 요구는 없다. 그러나 보다 큰 전체의 일부분인 사람은 누구나 모든 사람을 위한 선이라는 점에서 다양한 제한을 받을 수밖에 없다. 이러한 것은 교실, 실험실, 도서관, 운동장에서도 마찬가지이다.

교사, 행정가, 그리고 학생들은 소위 자유의 제한이라고 하는 것을 '박탈'(deprivation)이라고 간주하지 않는다. 기대, 교육자와 학생 간의 관계, 교실이나 학교의 일반적인 풍토는 모두 그러한 제한을 받아들이고 인정하며, 어느 경우에는 관례적인 행동규범으로 만들어야 한다. 이런 점에서 또래의 행위와 중재, 특히 행동의 범위가 좀 벗어나는 새로 온 학생이나 나이든 학생을 중재하는 것은 매우 효과적이고 문제해결적이며 예방적이거나 혹은 정상적인 결과를 가져온다.

4 학생의 행위와 행동

여기서 말하고자 하는 것은 군대나 경찰에서 행하는 규격화된 행동을 논의하자는 것이 아니다. 또 팀을 이루는 선수들이 보여주는 통일된 행동도 아니다. 여기서 말하는 행위와 행동은 일상적으로 행하는 아주 정상적이고 받아들일만한 행동을 뜻한다. 어떤 사무실의 경우, 모든 남자 직원은 쟈켓을 입고 넥타이를 매야 한다. 또 복도를 지나갈 때에도 겉옷 단추를 채워야 한다. 또, 어떤 사무실의 경우, 모든 여사원들은 스타킹을 신고 구두를 바로 신어야 하며 껌을 씹어서도 안 된다. 차 앞좌석에 탈 때에는 안전벨트를 매야 하고, 쌍방 통행일 경우 차는 길의 오른쪽으로 달려야 한다. 많은 경우, 클럽의 회원은 입구에서 회원 카드를 제시해야 한다. 사람이 2－3명이 넘는 경우는 대개 한 줄로 줄을 서야 한다. 이와 같이 우리는 요구사항, 필요한 조건, 조항들로 꽉 찬 사회나 공동체 속에서 살고 있다. 우리가 아는 바에 따르면, 사회는 그러한 제한 없이 존재할 수 없다. 학생의 권리 때문에 규칙이나 기대, 요구조건을 따를 수 없다고 가정하는 것은 현실적이지 못하다. 만일 교육이 풍요로운 삶을 위한 완전한 준비라면, 일반적으로 학생들에게 요구되는 것이나 필요한 조건에 대해 방만한 교사나 행정가는 실제로 그들의 학생들에게 엄청난 해를 끼치고 있는 셈이다. 이러한 교사나 행정가들은 미래의 실생활에 학생들을 준비시키지 못하고 있으며, 많은 경우 그러는 동안에 학생들이 사회 속에서 반항아가 되도록 돕고 있는 것이다.

마약, 마약중독에 관한 책을 보면 매우 엄격한 규칙이 적혀 있다. 아주 많은 경우, 적혀 있는 규칙과 실제적인 규칙시행은 전혀 별개의 일이다. 그러면, 보다 간단한 문제에 대해 이야기해 보자. 왜 교사가 학생에게 교실에서 껌을 씹지 말라고 할 때나, 교실에서 모자를 쓰지 말라고 할 때, 망설여야 하는가? 왜 학생들에게 존경을 요구하는 것을 두려워하는가? 물건을 슬쩍 훔치는 것은 사회에서 나쁜 행동으로 간주되는데, 문화적으로 다양한 아이들이 모인 교실에서 펜을 훔친 일이 '문화적 차이를 적절하게 존중하지 않으면 안 되니까'라고 두려워하여 그 일이 나쁜 행동이라고 말하면 왜 안 되는가? 컨닝이나 다른 나쁜 행동 역시 마찬가지이다. 왜 모든 교사와 행정가들은 적당하고 예절에 맞는 언어, 허용할만한 복장, 허용되는 행동범위를 요구해서는 안 되는가? 학교가 학생에게 좋은 대화예절, 식사예절, 사회적 예의, 좋은 인간관계를 요구해서는 왜 안 되는가?

어떤 학교 교장이 내게 자기네 학교를 어떻게 생각하냐고 물은 적이 있었다. 즉, 학교가 높은 성적과 건전하고 친교적인 풍토를 유지하고 있는지를 물은 것이다. 나는 "여기에는 모든 것이 낙관적으로 보이는군요. 그런데 한 가지 이상한 것이 있습니다. 왜 남자아이들이 교실에서 모자를 벗지 않습니까?"라고 말했다. 교장은 답하기를 "나는 이 문제를 우리 선생님들과 의논했는데요, 우리는 학생에게 모자를 벗으라고 함으로써, 학생의 인격을 짓밟는 것은 아닐까 생각했습니다"라고 말했다. 과연 모자를 벗으라고 하는 것이 학생의 인격을 짓밟는 것일까? 사실 지켜야 할 규칙을 따르라고 요구한다고 해서 어느 누구의 인격도 짓밟는 것은 아니다. 오히려 학생에 대한 기대가 높고 귀하면 귀할수록, 학생들의 성취는 더 나아질 것이다.

용인되는 사회적 행동의 최소 기준을 상세히 설명하기 위해서 확실한 공동의 노력이 필요하다. 또한 우리 학교에서 그러한 기준을 실행하는 데도 마찬가지로 진지한 공동의 노력이 필요하다. 이러한 "공동의" 노력은 부모, 학생, 교사, 행정가, 사회일반 성원들이 함께 협력할 것을 요구한다.

5 학생의 자아상

구체적인 학생의 성취를 이끌어내는 목적 있는 활동에 도움이 되는 것으로 학생 자신의 긍정적인 자아상(self-image)만한 것이 없다. 그

반대 역시 마찬가지이다. 부정적인 자아상은 실망, 무관심, 낙담, 실패를 야기한다. 긍정적이고 건강하며 높은, 그러면서도 현실적인 자아상은 성공하기 위한 중요한 열쇠이다. 자기 자신이 실행할 수 있고, 성취할 수 있다고 생각하는 학생들은 보통 성공한다. 반면 과제가 너무 어렵고 내용이 배우기에 벅차며 이루어야 할 목적과 목표가 지나치게 높다고 생각하는 학생들은 필요한 노력도 하지 않은 채로 그 과제를 끝내며, 어느 누구도, 심지어 자기 자신도 별로 놀라지 않은 채 실패를 맞게 된다. 이러한 학생들은 실패를 기대하며 실망하는 일도 거의 없다.

문제는 어떻게 학생들의 자아상을 확립하는가 하는 것이다. 물론, 자기 자신을 충분히 잘 알고, 자기 존중감이 높으며, 다소 높은 목적을 설계하는 학생들이 있다. 이런 학생들은 성공을 기대하고, 성공을 성취한다. 반면에 이런 점에서 여러 가지로 좀 뒤처지는 학생들이 있는데, 그들은 가정과 학교로부터 주의를 필요로 하는 학생들이다.

학생의 자아상을 발달시키기 위해서는 몇 가지 원칙을 따라야 한다.

첫째, 학생에게 정직하라. 학생들에게 즉시 도달할 수 없는 것을 이룰 수 있다고 믿게 해서는 안 된다. 대신 작은 것이라 하더라도 성취할 수 있는 것에 주목한다. 학생의 능력과 약점을 안다면, 이렇게 하는 것은 어렵지 않다.

둘째, 학생의 수행과 활동이 목적을 성취할 수 있도록 지도하고, 그 과정에서 필요한 수정 사항을 제안함으로써 그 길을 따르도록 안내하라.

셋째, 과제가 완성될 때까지 그 과제를 끝까지 수행할 수 있도록 학생을 격려하라.

넷째, 학생이 보여주는 성공의 정도를 칭찬해주어라.

마지막으로 이전의 과제보다 정교한 다른 과제를 계획하고 기대하라. 계속해서 일관성 있게 학생이 성공하기를 기대하고, 그 기대에 맞추어 적절하게 개별적인 지도를 하는 교사는 거의 항상 그 결과에 대해 만족한다.

잠재적인 능력이 없는 학생은 없다. 교사가 갖는 가장 큰 도전 중의 하나는 바로 이러한 능력과 가능성을 발견하고, 학생이 그것들을 알아차리고 실현하는데 필요한 노력을 할 수 있도록 하며, 학생이 자기모습과 자기가 성취할 수 있는 것에 대해 기뻐할 수 있도록 하는 등의 방법으로 그들의 능력과 가능성을 존중하는 것이다. 학생의 자아상을 정직하고 객관적으로 세우도록 하는 것은 학생의 성공에 있어서 단일 요인으로는 가장 중요한 요인이 될 것이다.

6 다른 사람들에 대한 학생 자신의 가치

학생의 자아상 다음으로 중요한 것이 다른 사람들, 즉 또래 친구들, 교사, 친척, 지역사회의 성원들에 대해서 느끼는 학생 자신의 가치이다. 자기가 없어서는 안 되는 중요한 존재라는 느낌은 일을 계속할 수 있도록 노력하게 하고, 성공하게 하는 데 동기를 부여하는 매우 중요한 요인이다. 따라서 학교와 교사는 모든 학생들이 다른 사람에게 자신의 가치를 증명할 수 있는 활동 통로를 갖도록 할 의무가 있다.

예를 들어 또래 간 가르침은 상호간 모두에게 이익을 주는 실생활 경험이다. 배우는 입장에 있는 사람은 배우고 성장하며 발달한다. 그것이 곧 가르치는 입장의 사람에게도 귀한 가치를 제공해준다. 이런 점에서 배우는 사람에게 가르치는 사람이 필요한만큼 가르치는 사람에게 배우는 사람의 필요성도 중요하다.

교사가 특정 학생에게 할당해준 특별한 과제, 예를 들어 교실이나 학교의 어떤 영역에서 구체적인 도움을 제공하거나 교실의 허드렛일을 도우라고 한 것은 학생에게 경험과 책임감을 제공해줄 뿐만 아니라, 동시에 다른 사람들에게 '내가 이렇게 중요한 사람이구나' 하는 가치를 느끼게 해준다. 학생들은 이웃노인을 위해 잔디 깎는 일을 하면서 약간의 돈을 벌기도 하지만, 그 일을 통해서 보수 이상의 것을 느끼게 된다.

학교와 지역사회 안에는 학생이 시간을 의미 있게 보낼 수 있고, 학생에게 풍부한 실제적 경험을 제공하며, 무엇보다도 학생들 자신에게 다른 사람들에 대한 자신의 가치를 나타내 보일 수 있는 가능한 채널이 많이 있다.

7 학생의 목적과 목표

아무것도 추구하지 않는 사람은 항상 목적을 달성하지 못한다고들 말한다. 우리 학교와 지역사회에 만연한 무관심은 학생들을 갈곳 없게 만든다. 많은 사람들이 목적이 없고 희망이 없어 보인다. 전인교육은 모든 학생들이 의미 있는 방식으로 추구할 만한, 적어도 한 가지 이상의 흥미를 확인할 수 있도록, 다양한 활동과 장을 마련해준다. 학생이 자기 자신의 한계는 물론이고 강점을 알 때, 그리고 자신의 에너지를 다른 사람과 학생 모두에게 의미 있는 어떤 목표를 위해 쏟게될 때, 자동적으로 학생의 마음에는 목적이 생기게 된다. 이런 경우 목적을 가지고 시작한 후, 그것을 실현하기 위해 어떤 활동을 추구할 필요는 없다. 많은 활동과 현장을 통해서 학생들은 일련의 의미 있는 목적과 목표를 개발할 수 있다. 목표를 가지고 있다면 그 일에 관한 한, 어떤 학생이나 다른 어떤 사람도 실망하거나 낙담하지 않을 것이다.

이러한 생각은 활동을 통한 자기투사에 뒤따르는 내성의 결과, 모든 학생들로 하여금 작은 것이든 일시적인 것이든 간에 자기 자신의 목적을 개발하도록 한다. 모든 사람이 참여하지만 모두 같은 방법으로 참여하는 것은 아니다. 전인교육은 '참견(busy－ness)'을 추구하지 않고, 참여(involvement)를 추구한다. 모든 학생이 다른 사람과 함께 무엇인가에 참여할 때, 자연히 개인적인 목적과 목표를 얻게 된다. 전인교육은 학생들 각자에게 자기 자신이 성취할 만한 목적을 개발할 기회를 제공한다.

8 학생의 통로와 활동

학생들이 의미 있는 활동을 할 수 있도록 열려있는 통로는 세 가지 영역으로 분리되어 있지만 서로 연관되어 있는데, 이는 바로 가정, 학교, 그리고 지역사회이다. 하지만, 사람들이 바라는 만큼 항상 이 세 영역을 충분히 활용할 수 있는 것은 아니다. 학생이 가정에서 지내는 시간은 상당히 많은데, 이때 가정은 숙소 이상의 의미를 가지며 또 가져야 한다. 가정은 위안과 안전의 원천일 뿐만 아니라, 건전한 상호작용과 성장이 이루어지는 역동적인 장이어야 한다. 한편 학생들이 평일 깨어있는 시간의 대부분을 보내는 곳은 학교이다. 나머지 시간인 주중 방과후 시간이나 주말은 적어도 부분적으로 지역사회 어디에선가 시간을 보내게 된다.

이 세 영역을 보다 역동적인 장이 되도록 노력하고 상호작용할 필요가 있다. 활동을 통해서 세 영역은 살아있게 된다. 그리고 재미있는 활동으로 장과 장을 꽉 채워서 연결시켜야 한다. 각각의 장은 한 가정의 중요한 성원이요 동시에 한 사회의 성원인 학생 개개인을 훨씬 더 관대하게 수용하여야 한다.

전인교육은 학교에서 주도권을 쥐고, 가정과 지역사회의 협조를 얻어, 학교에서 배운 학문적인 것과 그것이 지역사회에서 사용되고 실행되는 방법 간에 건전한 상호작용을 할 수 있도록 세 장 간의 사고, 활동, 노력을 이끌어 내려고 시도한다(구체적인 제안과 활동은 이 책 후반부에서 언급할 것이다).

9 학생의 상호작용

물리적인 세계에는 작용과 반작용의 법칙이 존재한다. 사람에게 적용해보면, 이것은 매우 기계적인 관계를 만든다. 넓은 의미에서 성장과 발달은 상호작용의 결과이다. 상호작용이 있는 곳에는 적어도 주어진 상황과 조건 아래 교환이 이루어지는 두 가지 대상이 있다.

건전한 상호작용을 위해서는 두 가지 요소 즉, 수용성과 생산성이 필수적이다. 수용성은 적어도 표면적으로 수동적이라는 인상을 준다. 예를 들어 어떤 구절을 읽는 것은 언어의 기능에 대한 이해와 수동적 어휘에 기초한 수용적인 활동이다. 그러나 이것은 읽기 활동에 놓여있는 진짜 능력이 아니다. 읽기의 궁극적 목적은 구절과의 상호작용이며, 상호작용은 생산성이라고 하는 일종의 반작용을 요구한다. 예를 들어 구절을 읽으면서, '내가 이 문장에 동의하는가 아닌가?' '내가 이 문장을 좋아하는가 아닌가 또는 그 문장의 일부분을 좋아하는가 아닌가?' '이것은 나에게 적용할 수 있는가?' '나는 그것을 어느 정도 사용할 수 있는가?' '나는 그것에 어떻게 반응해야 하는가?' 등의 질문을 하게 된다.

학생이 직면하는 지식이나 사실, 활동 역시 마찬가지이다. 만일 제시된 것을 액면 그대로 받아들이면, 그것은 완전히 수용적이고 수동적인 활동이다. 그리고 그것은 학생들을 결코 흥분시키지도 않을 것이고, 또한 어떤 방식으로든 참여시키지도 않을 것이다. 반면, 만일 학생들이 다른 사람들과의 접촉을 통해 반작용을 하고 반응을 보이며 상호작용할 기회를 갖는다면, 어떤 사실이나 활동은 의미 있고, 적용가능하며 적합한 것으로 바뀔 수 있는 역동성과 참여를 발달시키게 된다. 이것은 교육적으로 전혀 다른 경험이다. 바로 이것이 전인교육이다.

10 학생들의 시간 사용

고등학교 학생들은 어떻게 시간을 보내는가? 이 주제로 연구해보면 재미있을 것이다. 미국 학생들과 다른 나라(유럽, 중동, 극동) 학생들을 대충 비교해 보면, 미국 학생들이 학문적인 문제에 노력을 적게 한다는 것을 쉽게 알 수 있다. 미국의 경우, 숙제와 여타 방과후 과제가 비교적 적은 편이다. 이런 사실은 학생들이 일반적으로 다른 어떤 의미 있는 활동, 예를 들어 취미활동, 아르바이트, 자원봉사 활동 등에 별로 참여하지 않는다는 사실과 관계가 있다. 때로 도피의 방법으로 TV를 보고, 어슬렁거리고, 여기저기 상점을 기웃거리거나 해롭고 파괴적이며 불법적이기까지 한 활동에 의존하는 것도 놀랄 일이 아니다.

만일 학교제도와 교사들이 학생들의 본질적인 타고난 능력을 존중한다면, 그들은 학생의 타고난 능력과 잠재력이 실현될 수 있도록 그 능력을 길러주고 개발해줄 수 있는 교사의 적절한 지도와 함께 학생 입장에서도 끊임없는 노력을 해야 한다는 것을 알아야 한다(Staszewski, 1990 참조). 우선, 많은 학교 시간이 그것을 하는 데 필요하다. 일반적으로 학생들은 최대 180일/년 학교에 다니고, 학교 일과는 4.5－5.5시간/일을 보내게 된다*(Digest of Education Statistics 1992)*. 세계 다른 나라들(유럽, 중동, 극동)의 경우, 학교는 3－5시경에 마치고 수업 일수는 220－250일 정도이다. 만일 국제비교를 해보면, 학교시간은 상당히 증가해야 한다는 것을 알 수 있다. 적어도 일일 평균 6시간까지, 연 평균 210일까지는 증가해야 할 것이다.

고등학교 학생들은 굉장한 에너지와 생명력을 갖고 있는데, 이것이 긍정적이고 건설적인 목적을 위해 현명하게 발휘되고, 효과적으로 이용되도록 해야 할 것이다. 그렇지 않으면 많은 경우, 그 에너지가 부정적이고 해로우며 파괴적인 목적에 사용될 수 있다.

학교와 학부모(물론 넓은 의미에서 지역사회도 포함하여)는 학생들이 방과 후 시간의 상당 부분을 아래와 같은 방법으로 보낼 수 있도록 주의할 필요가 있다.

a. 학교와 관련되고, 학문적 지향을 갖는 과제와 노력을 하게 한다.
b. 스포츠, 레크리에이션, 취미활동 등 의미 있는 여가 활동을 하게 한다.
c. 지역사회 자원봉사에 의미 있게 참여하게 한다.

04

전인교육과 교사

1 들어가며

어떤 의미에서는 모든 사람이 교사이다. 우리는 모두 언젠가는 가르침을 주고 지식을 나누어주며 충고를 하거나 조언을 하는 일에 참여하게 된다. 이러한 활동은 교실 상황이든 일상생활이든 간에, 실제로 모든 사람들이 경험하게 되는 활동들이다. 본 장에서 다루는 내용들은 주로 학교 교사들과 대학교수들을 염두에 두고 쓴 것이지만, 그것의 본질은 모든 사람에게 똑같이 적용될 수 있다.

교수(teaching)의 본질적인 가치를 상징할 만한 단어를 하나 선택한다는 것은 쉽지 않은 과제이다. 어떤 사람들은 '우수한'(superior)이나 '이상적인'(ideal)과 같은 단어를 듣게 되면 얼굴을 찌푸릴지도 모른다. 탁월함(excellence)과 같은 단어들도 중복되고 남용될 위험에 처해 있다. 얼굴을 찌푸리지도 않고 위험과 편견도 피하기 위해서, 나는 '탁월해지고 있는'(excelling)이라는 진행형의 단어를 사용하고자 한다. 진행형(−ing)을 쓰는 이유는 행위, 성장, 발달, 과정, 인내, 계속성을 강조하기 위해서이다.

우리는 세 가지 영역에서 탁월해질 수 있다. 첫 번째 영역은 '학문적으로 탁월해지는 것'(academic excelling)이다. 분명히 교사의 첫 번째 책임은 가르치는 것이고, 가르침에서 탁월해진다는 것은 주로 좋은 수업에 있다. 좋은 수업에 포함되는 몇 가지 사항들은 너무나 분명하여 종종 소홀히 다루어지기도 하는데, 아래와 같은 것들이 그러하다.

· 자신의 교과에 대한 철저한 지식
· 해당분야의 자료에 대한 지식
· 지식, 기능, 태도를 전달하는 노련하고 창의적인 방법
· 교과에서 학생의 향상과 학업성취를 평가하는 정확하고 공정한 방법
· 교과에서 학생의 공부와 성장을 안내하고 지도하는 성공적인 방법

좋은 가르침이 강조될 수 있으나, 특히 대학교수의 경우에는 학문 분야에서 중요한 공헌을 한다는 것을 간과하지 말아야 할 것이다. 대학교수들이 학문적으로 탁월해진다는 것은 좋은 수업과 훌륭한 연구물을 모두 포함하는 것이다.

두 번째 영역은 '인격적으로 탁월해지는 것'(personal excelling)이다. 교사의 첫 번째 책임이 가르치는 일이라고 해서 그것이 교사의 유일한 책임을 의미하는 것은 아니다. 지식, 기능, 태도를 전달하는 것과 우수한 지식, 노련한 기능, 건전한 태도를 소유한 창의적이고 정직하며

책임 있는 시민과 인간을 발달시키는 것은 별개의 문제이다. 교사와 대학교수의 역할과 책임은 교과서와 교실 벽을 훨씬 넘어서며 하나의 코스가 제공하는 모듈(module), 학기나 학년을 훨씬 넘어선다.

교사나 대학교수로서 인격적으로 탁월해지는 것은 학생들의 정신을 넘어서 마음과 영혼을 받아들이고, 학교를 넘어서 지역사회를 받아들이며, 교과서를 넘어서 독창성을 받아들이고, 학문적인 교육과정을 넘어서 삶 자체를 받아들이는 것이다.

세 번째 영역은 '관계에서 탁월해지는 것'(excelling in relation-ships)이다. 어떤 교육학자들은 교육이 주로 인간관계의 문제이기 때문에, 나이가 어떻든, 학생들은 교사나 대학교수가 하는 말이나 정보보다는 교사나 대학교수와의 인격적인 만남으로부터 더 많은 것을 배울 수 있다고 확신한다.

교사와 대학교수의 중요한 특성들은 바로 학생들에게 습득된다. 불가피하게도, 학생의 일부가 교사와 대학교수의 일부가 되는 것처럼, 교사와 대학교수의 일부도 학생의 일부가 된다. 당신의 어떤 부분이 학생의 일부가 되기를 바라는가? 당신이 선택할 수 있다면, 당신의 어떤 부분이 다른 모든 사람들의 일부분이 되기를 바라는가? 달리 말해서, 당신의 어떤 부분이 "영향을 미치기(rub off)"를 바라는가?

학생들이 무감독(honor system)으로 시험을 본 다음 주 교육학 수업시간에 나는 학생들과 컨닝의 징계문제를 논의하였는데, 그 중의 한 학생이 "어떤 수업시간에는 학생들이 왜 컨닝을 하지 않습니까?"라고 물었다. 나는 "우리가 교육에서 지식, 학습자, 학습, 교수에 대한 태도에 대해 강조해왔던 것의 핵심이 바로 이 질문에 대한 답입니다. 그 답은 요컨대 정직한 학생들은 어쨌든 컨닝을 하지 않을 것이며, 또 컨닝할 가능성이 있는 학생들조차 일단 자신들과 교사 간에 상호신뢰의 관계가 형성되면, 대개는 그런 관계를 배신하지 않을 것이라는 점입니다"

라고 대답했다.

이와 유사한 경험이 교사교육기관에서도 있었는데, 자기신뢰와 자기확신이라는 새롭고 성공적인 경험으로 들뜬 한 학생이 "선생님, 이것이 우리가 가르치고자 하는 길입니다"라고 말했다. 나는 "이것이 자네가 살아야 할 길이고, 자네가 이 길을 따라 산다면 이 길이 자네가 가르칠 길이네"라고 말했다.

어떤 사람들은 이것이 종잡을 수 없고 비현실적이며 공허한 이상이라고 생각할 수 있다. 하지만 그렇지 않다. 그것은 이상적일 수도 있지만, 매우 현실적이고 실존적인 상황이다. 내가 그것을 하려고 애써 왔고, 그것이 효과가 있다는 것을 나는 안다. 이것이 삶 즉, 일상적인 삶이요, 살아있고, 만나며, 관계를 맺는 것의 본질이기 때문에 효과가 있다. 윌모트(Willmott)가 "교육은 삶의 도제이다"라고 말한 것처럼, 이것이 완전한 의미에서 교사, 가정교사, 대학교수, 스승, 상담자, 조언자가 된다는 것이다.

교사와 대학교수가 이러한 수준으로 탁월해지게 되면, 전 세계가 교사와 대학교수로부터 끊임없이 도움을 받게 될 것이다.

2 교사의 역할에 대한 비전

위에서 언급한 것은 주로 교사의 자아상과 교사의 역할에 대한 비전의 직접적인 결과이다. 교사가 자신이 누구인지 철저히 파악하고, 자신이 지지하고 있는 어떤 원리와 목적에 자부심을 갖는다면, 교사에 대한 존경심이 증가하고 학교에 대한 명성도 높아지면서, 학생들과 지역사회의 성원들에게 상당한 정도로 영향을 미칠 것은 틀림없다. 이것은 이타주의나 그것으로 말미암은 어떤 것이 아니다. 이것이 교직을 성공적으로 보내는 일이다.

교사의 성공은 상당 정도 학생의 향상과 성취에 의해서 측정된다. 즉, 학생의 성공은 교사의 성공이다. 그러면 학생의 향상, 성취, 성공은 어떻게 평가되는가? 명백히 수업(lesson), 단원(unit), 코스(course), 전체적인 교육과정의 목표들은 학생의 성공을 평가하기 위한 어떤 기준을 가지고 있어야 한다. 그러나 전인교육이 권장하고 있는 것처럼, 이러한 기준이 학생의 개별적인 목적과 조화를 이룬다면, 학생이 얼마나 잘 수행했는가를 결정하기 위한 평가근거가 있게 마련이다. 마지막으로 간략하게 교사의 역할을 설명해 보면 다음과 같다.

a. 교사의 역할은 학생 개개인의 잠재력, 흥미, 목적의 발견자(discoverer)가 되는 것이다.
b. 교사의 역할은 학생에게 행동방향을 제공해 주면서 학교와 지역사회 안에서 변화의 촉진자(facilitator)가 되는 것이다.
c. 교사의 역할은 학생에게 적절한 방향으로 학생의 성장과 발달을 보장하면서, 활동과 경험의 지도자(director)가 되는 것이다.
d. 교사의 역할은 최적의 결과를 낳기 위해 학생의 정의적 · 행동적 측면을 안내하면서 학생의 상담자(counselor)가 되는 것이다. 이러한 역할에 대한 진정한 비전을 갖는 것이 절반의 성공을 나타낸다.

3 교사의 계획

성공을 위한 계획이야말로 최고의 계획이다. 교사 자신과 학생의 성공을 위해 계획을 세우는 교사들은 좀처럼 실망하지 않는다. 그러면 성공을 위한 계획의 주요 요소는 무엇인가? 4가지 주요한 요소들은 다음과 같다.

a. 코스, 단원, 수업계획

이들은 명백히 다음을 포함해야 할 것이다.

· 코스에 대한 장기적인 공통의 목적
· 코스에서 공통의 학생활동에 대한 장기 계획
· 코스의 단원에 대한 중기적인 공통의 목적
· 각 단원에서 공통의 학생활동에 대한 중기 계획
· 각 단원에서 단원에 대한 단기적인 공통의 목적
· 각 수업에서의 공통의 학생활동에 대한 단기 계획

b. 학교를 검토하기 위한 계획

이것은 다음과 같은 목적을 위해 행해져야 할 것이다.

· 학생들이 사용할 자료 및 자원의 결정
· 각종 이론, 원리, 추상적 개념을 증대시키고, 적용하고, 확고히 하고, 강화시키고, 실행하는데 도움이 될 인적자원의 결정
· 각종 학생활동과 모험의 잠재적인 기회가 되는 영역의 발견
· 개별적인 학생이나 소집단의 학생들에게 열려있는 다양한 장들의 설정

c. 지역사회를 검토하기 위한 계획

이것은 다음의 목적을 위해 행해져야 할 것이다.

· 학생들이 사용할 자료 및 자원의 결정
· 학생이 방문할 수 있는 흥미있는 장소(예컨대 박물관, 화랑, 동물원, 공장, 농장, 사무실, 병원, 진료소, 요양소, 쇼핑센터, 경찰서, 소방서, 항구, 공항, 버스 터미널, 기차역, 시민회관 등)의 결정
· 배운 이론들을 보충하고 강화하며 실행하는데 도움을 줄 수 있는 인적자원의 결정

· 학생활동과 자원봉사활동을 가능하게 해주는 영역의 발견
· 필요할 때 도움을 청할 수 있는 다양한 장의 설정

d. 다른 교사들과 협력하기 위한 계획

다른 교사들과의 협력은 학교의 전체적인 업무가 조화를 이루기 위해 행해져야 할뿐만 아니라 중복되지 않아야 하며, 나아가 학교나 지역사회의 자원에 지나친 부담을 주지 않으면서 행해져야 할 것이다.

교사의 계획이 이러한 4가지 영역을 모두 포함하게 될 때, 4가지 주요한 이점을 얻게 된다. 즉, 학교 전체의 교육과정이 훨씬 더 응집력 있게 되고, 학교가 지역사회의 매우 중요한 부분이 되며, 교사들은 발견해야 할 보다 중대하고 광범위한 영역이 있다는 것을 느끼게 되며, 학생들은 자신들이 하고 있는 것에서 흥미와 적합성을 느끼게 된다.

4 교사와 학생의 관계

교육의 과정에서 학생의 학습과 행동에 영향을 미치는 가장 크고 유일한 요인은 의심할 나위없이 교사와 학생의 관계이다. 이것에 대해 많은 말들이 있었고 많은 글이 쓰여져 왔지만 전인교육 접근은 최적의 학습, 성장, 발달에 도움이 되는 건전한 관계를 촉진하지 않으면 안 된다. 교사와 학생의 건전한 관계는 다음의 원칙이 가능한 한 충실하게 지켜질 때 이루어진다.

a. 교사 자신의 행동이 하나의 모델이 된다. 궁극적으로 중요한 것은 교사가 설교한 것이 아니라 교사 자신이 실천한 것이다.
b. 교사도 인간이기 때문에 자신들이 좋아하고 싫어하는 것이 있겠지만, 명백한 편애나 선입관 그리고 편견 없이 학생들을 공정하고 동등하게 대해야 할 것이다.

c. 균형을 유지해야 할 행위가 있다. 교사들은 학생들과 맺게 되는 전체 행동에서 강인함과 온화함의 균형을 유지하는 것이 중요하다. 그렇지 않으면 그 결과가 좋지 않을 수도 있다.
d. 교사가 학생, 동료, 지역사회 성원들과의 관계에서 행하는 전문가적인 태도는 기준을 잘 유지하는데 큰 도움이 된다.

5 교사의 교수양식

모든 교사에게는 자기만의 개인적인 교수양식(teaching style)이 있다. 어떤 교사들은 한 두 가지의 양식에 주로 의존하지만, 여러 가지 양식을 섞어서 사용하는 교사들도 있다. 교수양식에 영향을 미치는 다양한 요인으로는 강의하기, 제시하기, 설명하기, 질문하기, 토론하기, 퀴즈내기, 시험보기, 개인별로 활동하기, 그룹별로 활동하기, 사실과 지식 강조하기, 이해와 실행과 적용을 강조하기, 교실학습에 의존하기, 숙제와 기타 과제에 의존하기, 엄격한 훈육주의자가 되기, 교실에서 보다 완화된 훈육을 사용하기, 자유방임적이 되기, 학습 도구를 사용하기, 학생의 적극적인 참여를 강조하기, 교실에서 왔다 갔다 하거나 정지 자세를 취하기, 감정적이 되거나 객관적이 되기, 심각하거나 쾌활해지기 등이 있다. 학습은 학생의 학습양식(learning style)이 교사의 교수양식과 갈등을 일으키지 않을 때 증진된다. 물론 이러한 문제를 좌우하게 되는 것은 학생들보다도 교사이다.

전인교육은 어떤 하나의 교수양식을 반드시 권장하는 것은 아니다. 왜냐하면 학생들의 학습양식의 경우와 마찬가지로, 교사들도 가능한 한 효과적으로 자신의 교수양식을 발달시킬 필요가 있기 때문이다. 하지만 전인교육을 보다 효과적이고 성공적으로 만드는데 도움을 줄 수 있는 몇 가지 제언이 있다.

a. 한 가지 양식을 시종일관 사용하는데 따른 반복과 지루함을 줄이기 위해서 뿐만 아니라 모든 학생들이 자신의 학습양식을 가지고 좀 더 적극적으로 반응할 기회를 주기 위해서, 가능한 한 많이 당신의 교수양식을 변화시키고자 노력해라.
b. 당신이 하고 있는 것과 그것을 하는 방법을 전인교육의 통합적인 목적과 관련짓기 위해서 끊임없이 노력해라.
c. 당신의 교수양식에 배려(caring)라는 정의적인 요소를 첨가해라. 왜냐하면 학생들은 당신의 교수양식 중 어떤 다른 측면보다도 정의적인 요소에 개인적으로 의미 있게 반응하는 경향이 있기 때문이다.

6 학생의 향상에 대한 교사의 평가

교사의 가장 중요한 책임 중의 하나는 학생의 향상과 성취에 대해 점수를 매기고 평가하는 것이다. 이 절이 평가와 측정에서의 새로운 동향을 알려주고자 하는 것은 아니다. 그렇지만, 전인교육 접근이 최선의 결과와 성과를 낳기 위해서 평가와 측정의 과정에 관련되어 있는 4가지 기본적인 원리들을 지적하는 것은 중요하다.

a. 목표의 중요성

어떠한 평가도 진술된 목표에 적합하지 않다면 의미가 없다. 전인교육 접근에서 진술된 모든 목표에 도움을 주고 영향을 미치는 3가지 요소들, 즉 '교과 영역들의 통합', '전체적인 교육과정을 실제 생활 상황이나 경험과 통합', '각각의 학생이 교육과정이나 지역사회 생활의 상이한 측면들과 관계를 맺는 개인적인 상호작용'을 명심하는 것이 매우 중요하다.

b. 기준을 유지하기

교육작용의 목표가 행동적·정의적 결과를 얻는 것이라는 점은 교사들이나 학생들 모두에게 아주 명백한 사실이다. 등급은 C, D+, 75, 70 등과 같이, 명백하게 진술되어야 한다. 이러한 기준 이상이나 이하의 수행은 보다 쉽게 평가될 수 있다. 기준은 처음부터 정해져야 한다. 학생이 수행한 다음에 점수를 위나 아래로 고치는 일이 실제적인 수행에 대한 사실을 바꾸지는 못한다는 것을 기억해야 할 것이다. 그것은 최초의 기준설정을 어기는 것일 뿐이다. 시험과 과제가 너무 쉽거나 너무 어렵다는 것을 알게 되었을 때, 실제적인 수행의 진정한 의미를 왜곡시키거나 점수를 마음대로 고치기보다는 그 시험이나 과제를 아예 없애 버리거나 반복하든지 혹은 수정하는 편이 더 낫다.

c. 개별적인 학생의 중요성

유지되어야 할 목표와 기준의 틀 내에서, 각각의 학생이 다른 학생들과 경쟁하도록 하기보다는 개별적으로 평가받도록 조치를 취하는 것이 중요하다. 이것은 교사에게 기계적인 과정이기보다는 태도의 문제라고 볼 수 있다. 그 태도는 학생들에게 영향을 미치는 태도이며, 학생들의 학업적인 수행과 인격적인 수행에 영향을 미칠 수 있는 태도이다. 실제적인 교수 경험에 따르면, 학생의 수행은 정해진 최선(*the* best)이 아니라 자기 자신에게 맞는 최선(*their* best)이 되고자 할 때 개선되었다는 증거가 있다. 이러한 관점에 따르면, 반에서 학생들의 서열을 매기는 일은 의미 없음을 넘어 해를 끼칠 수 있고, 심각한 역효과를 가져올 수 있다. 이 단락 첫 부분에 쓰여진 '틀 내에서' 이러한 세 가지 모든 문제들이 실제적이고, 의미 있고, 효과적인 방법으로 함께 행해지면서 동시에 균형을 유지해야 한다.

d. 종합적 평가(evaluative assessment)

세계 도처의 학교와 학교제도는 수량화할 수 있는 용어(quantifiable terms)로 실시되는 학생평가를 지향해 왔다. 합격기준, 진급, 전학, 졸업 요구 조건, 장학금 등은 평균이나 수학적 공식에 의해 결정된다. 다시 한 번 학생의 공부, 능력, 성취에 대한 개별화된 종합적 평가가 대단히 중요하다는 것을 상기하자. 태도, 협력, 개인적인 행동과 사회적인 행동, 약점, 장점, 특별한 능력과 재능, 탁월한 성취 등에 관한 진술들은 그 사람이 정말로 누구이며, 그 사람이 성취하고 이룰 수 있는 것이 무엇인가를 말하는데 크게 효과가 있다. 이러한 진술이 장점에 대해서는 칭찬의 말을, 그리고 개선되어야 할 점에 대해서는 권장의 말을 표현할 때, 우리는 그 학생에 대한 종합적 참 평가(authentic evaluative assessment)를 할 수 있게 될 것이다. 면접자와 고용주가 진정으로 관심을 보이는 것도 결국은 이것이다.

어떤 학교들은 학생의 향상과 수행을 검사하고 평가하는 혁신적인 방법을 실험하고 있다. 명백하게 그것은 중요한 목표 달성을 궁극적인 목적으로 삼는데 만족하지 않는다. 이런 점에서 먼저 실험적으로 많은 것들이 행해져야 하고, 그 다음에 전국적인 단위로 행해질 필요가 있다. 목표와 표준화된 검사가 바람직한 모든 정보를 제공하는데 부족하기 때문에, 보다 효과적인 방법들이 학생의 능력과 수행을 평가하기 위해 고안되어야 할 것이다.

7 교사의 자질

전인교육이 최적의 결과를 낳기 위해서는 교사의 기본적인 자질이 갖추어져야 할 것이다.

· 능력(Ability)의 A. 교사의 능력이 가장 중요한 자질은 아니지만, 아마도 평가되어야 할 첫 번째로 손꼽을 수 있다. A가 주로 능력(Ability)을 나타내지만, 또한 친화성(Accessibility), 적응력(Adjustability), 민첩성(Agility)을 나타낼 수 있다.

· 마음이 넓음(Broad-mindedness)의 B. 마음이 좁은 교사만큼 학생을 좌절시키거나 교사를 구속하는 것은 없다. 교사는 광범위한 시야를 가져야 하고, 적응력이 뛰어나야 한다. B가 주로 마음이 넓다는 것을 나타내지만, 또한 모든 인간의 존엄성에 대한 믿음(Belief), 가정 · 교육계 · 지역사회에 대한 소속감(Belongingness), 마음과 정신에서의 관대함(Benevolence)을 나타낼 수 있다.

· 배려(Caring)의 C. 학생들이 긍정적으로 반응하는 첫 번째 요소 중의 하나는 일반적으로 교사의 배려에 대한 감각이다. 그것은 학생과 학생의 복지를 위한 것이다. C가 주로 배려(Caring)를 나타내지만, 또한 도전(Challenge), 정중함(Civility), 확신(Confidence)을 나타낼 수 있다.

· 헌신(Dedication)의 D. 전심전력을 다해 자신의 직업에 헌신하지 않는 교사는 최적의 결과를 낳을 수 없다. D는 주로 헌신을 나타내지만, 또한 신뢰성(Dependability), 근면(Diligence), 학문(Discipline)을 나타낼 수 있다.

· 효과성(Effectiveness)의 E. 효과성은 산출 지향적이고 결과 지향적이며 성과 지향적이다. E가 주로 효과성을 나타내지만, 그것은 또한 효율성(Efficiency), 능변(Eloquence), 감정이입(Empathy)을 나타낼 수 있다.

· 강인함(Firmness)과 온화함(Friendliness)의 F. 다정함과 단호함의 적절한 균형이 교사의 성공을 기대할 수 있다. F가 주로 단호함과 다정함을 나타내지만, 그것은 또한 촉진(Facilitation), 공정함

(Fairness), 유창함(Fluency)을 나타낼 수 있다.

- 성장(Growth)의 G. 이것은 일에 대한 성장과 직업적인 성장을 뜻한다. G가 주로 성장을 나타내지만, 그것은 또한 상냥함(Gentle-ness), 매력(Glamour), 학생지도(Guidance)를 나타낼 수 있다.
- 정직(Honesty)의 H. 정직은 최선의 정책일 뿐만 아니라 교사들에게 절대적으로 필요한 것이다. H가 주로 정직을 나타내지만, 그것은 또한 도움이 됨(Helpfulness), 희망에 참(Hopefulness), 인간적임(Humaneness)을 나타낼 수 있다.
- 성실(Integrity)의 I. 이것은 개인적이고 사회적이며 직업적인 성실에 적용된다. I가 주로 성실을 나타내지만, 그것은 또한 상상력(Imagination), 즉흥성(Improvisation), 그리고 부지런함(Indus-triousness)을 나타낼 수 있다.
- 좋은 판단(Judgment)의 J. 교사들이 현명한 선택과 판단을 내림으로써 자신들의 지혜를 예시하는 것이 가장 중요하다. J가 좋은 판단을 나타내지만, 그것은 또한 쾌활함(Jauntiness), 즐거워함(Joyfulness), 정의(Justice)를 나타낼 수 있다.

8 교사의 직업적 성장

직업적으로 볼 때 교사에게 정체기와 같은 것은 없다. 우리는 진보하고 성장하든지 아니면 퇴보하게 된다. 퇴보는 허용되어서는 안 될 것이다. 교사들이 가야 할 유일한 길은 개인적으로든 직업적으로든 위를 향한 길이다. 하지만 이 점이 전통적으로 인정되어 왔던 성장을 위한 방법, 즉 학점 증가, 자격증, 보다 높은 학위, 교환 프로그램, 워크숍, 세미나 등에 제한되지 말아야 한다. 이것 이외에도 전인교육 접근을 사용하는 교사들은 직업적인 성장을 위해서 다른 방법들을 찾아야 할 것이다. 왜냐하면 전인교육은 방법론적으로 정해진 공식이나 규정이 없기 때문이다. 교사들은 다음의 것, 즉 교과에 관련된 풍부한 독서, 전인교육을 하는 다른 교사들과 의견을 교환하기, 상호 수업 참관(exchange class visit)을 활용하기, 학생이나 학부모로부터 조언을 얻기, 지역사회 성원들로부터 정보를 얻기 위해서 그들과 전인교육 접근을 함께 논의하기, 새로운 방법과 기법을 실험해보기, 가능한 한 많이 상상력과 혁신적인 자원들을 사용함으로써 수업절차를 다양하게 하려고 노력하기 등과 같은 것들 중에서 하나나 그 이상을 항상 추구하는 것이 도움이 될 것이다(Blaisdell, 1993 참조).

9 교사의 시간과 스케줄

교사의 수업 스케줄과 업무와 책임의 목록을 보면 교사들이 대단히 열악한 환경에 처해 있음을 알 수 있다. 그것은 교사들을 양날의 검으로 찌르는 격이다. 교사들이 다음과 같은 업무와 책임들, 예컨대 자신들이 담당하는 교과 분야의 동료들과 모임을 갖기, 교직원 모임에서 다른 동료들과 모임을 갖기, 수업과 단원들을 계획하기, 필요한 학습 교구를 준비하기, 수업하기, 하루에 여러 교실에서 매우 많은 학생들을 다루기, 학생들과 상담하기, 복도를 감독하고 점심시간에 학생들을 지켜보는 것과 같은 학교의 다양한 업무를 맡기, 학부모들과 접촉하고 필요할 때는 그들을 만나기, 학생의 수행을 평가하기, 요구된 보고서를 제출하기 등과 같은 업무와 책임을 다하기 위해서, 신체적으로나 정신적으로 지쳐 버린다는 것은 놀랄 일이 아니다. 또한 교사들의 물질적인 보수가 바람직한 수준보다 훨씬 낮기 때문에, 교사들은 도덕적으로 소진함을 느낀다. 때로는 낮고 불충분한 보수를 충당하기 위해서, 교사들은 밖에서 시간제 일을 구한다. 말할 나위 없이 이것은 교사들의 에너지를 약화시키며 교사로서의 사기를 저하시킨다.

특히 학생의 수행과 성취가 높은 어떤 나라에서 교사들은 코스를 계획하는데 많은 시간을 보내고, 실제로 가르치는 데는 시간을 적게 보낸다. 결과적으로, 교사들은 계획 전략의 일부로써 자신들의 일을 조정하고 통합하기 위해 동료교사들과 만나거나 협력하는 데 훨씬 많은 시간을 보내게 된다. 물론 학생들은 보다 나은 질의 교육을 받게 되고 교사들은 덜 지치게 되며 커다란 성취감을 갖게 된다.

현행 고등학교 제도는 혁신적으로 바뀔 필요가 있다. 그와 같은 상황을 한 방향에서만 다룬다면 변화를 이끌지 못할 것이므로, 모든 방향에서 다루어야 한다. 고등학교 제도 중에서 철저히 조사해서 수정하거나 개선해야 할 사항들은 다음과 같다.

· 수업 부담(teaching load)은 수업 준비를 하는데 많은 시간을 보내도록 하향 조정될 필요가 있다.
· 수업 과제(teaching assignment)의 성격은 상이한 교과들을 의미 있게 통합시키는 중핵 교육과정을 강조하는 방향으로, 또한 이론적인 공부를 실생활 경험과 실제적으로 통합시키는 것을 강조하는 방향으로 개정되고 개혁될 필요가 있다.
· 이론적인 공부와 지역사회 경험을 조정하고 통합하는 준비를 갖추기 위해서 적어도 몇몇 교사들에게 충분한 시간이 할애되어야 한다.
· 전통적인 행정조직 대신에 전공을 통합시키는 것을 담당할 영역 조정자(area coordinator)와 학교 및 지역사회에서 학생 스케줄과 과제를 결정하는 것을 담당할 보조 조정자(coordinating assistant)를 두는 것이 훨씬 더 생산적일 수 있다.

전인교육은 수행 지향적이며, 생산 지향적이고, 결과 지향적이다. 위에서 제안한 변화로 인해 행위, 수행, 실제적인 결과, 보다 높은 학력수준, 그리고 보다 의미 있고 적합한 경험들에 대한 추진력 있는 제도를 갖는 것이 가능해질 것이다. 또한 교사들은 자신들의 일에 더 열정적이 됨을 느낄 것이다. 즉 교사들의 일이 훨씬 더 적합하고 흥미로워지며, 그 일의 결과들은 극적인 향상을 보여줄 것이다.

05
전인교육과 교육과정

1 교육과정이란 무엇인가?

많은 사람들은 교수요목(a course of study)을 교육과정(curriculum)으로 오해한다. 이와 반대로, 교육과정을 교수요목으로 생각하는 사람도 있다. 물론 교수요목은 교육과정의 일부분이지만, 교육과정은 모든 교수요목을 단순히 모아 놓은 것 이상의 것이다. 학교의 목적을 성취하는 적합한 수단이 되기 위해 학교 프로그램의 일환으로 학교가 행하는 모든 활동은 교육과정의 일부분이 된다. 이런 점에서 학교가 지원하는 어떤 활동도 과외활동(extra－curricular)이 아니다. 학교가 지원하는 활동이면, 예컨대 그것이 교실 · 실험실 · 도서관 · 학교운동장 · 지역사회 어디서 실시되든지 간에, 그것은 교육과정이다. 교육과정은 교육목표를 성취하기 위한 과정으로서 학교의 보호 하에 지도되는 모든 프로그램 및 활동으로 구성된다.

2 교육과정의 통합

교육과정을 통합하는 것은 반드시 해야 할 일이다. 적절한 통합 없이는, 학교 교육과정은 학교 스케줄에 따라 느슨하게 묶여진 코스와 활동들 하나하나를 단편적으로 합친 것이 될 수 있다. 교육과정의 통합은 지역사회 활동을 함께 하고 바람직한 결과를 성취하려는 동기로 가득 차있는 학생 및 교사와 함께 행해져야 할 것이다. 이때 학생과 함께 행하는 교육과정의 통합이 일차적이다(Short and Burke, 1991 참조).

수직적 통합(vertical integration)과 수평적 통합(horizontal integration)에 대한 전통적인 개념과 실천들은 기본적이기는 하지만 최소한도의 통합일 뿐이다. 교육과정을 수직적으로 통합한다는 것은, 각 교과영역이 적어도 목표와 내용 면에서 학교제도 내내 적절하게 학년으로 나누어지고 계열화된다는 것이다. 목표는 학년이 올라감에 따라서 논리적이고 연속적으로 누적될 것이다. 이와 유사하게, 각 학년 수준에서의 코스내용은 각 코스의 시작과 끝에 중복과 복습 가능성을 감안하여, 학년을 통해 그 내용이 순조롭게 이해될 수 있는 방법으로 설계되어야 한다. 교육과정을 수평적으로 통합한다는 것은 각 학년 수준에서 다양한 교과들과 학습부담이 적정하도록 보장하는 것이다. 즉, 학생들이 교과간의 관계를 이해하고, 모든 교과가 적합한 논리수준, 언어 숙달과 또 다른 필요한 기능을 요구하는 방식으로 적정성을 유지하게 한다.

많은 경우에, 수평적 통합과 수직적 통합은 말뿐이다. 통합이 이루어지고 있는 곳에서조차도, 최소요구조건으로 학기 동안에 고작 몇 번의 교과별 모임(수직적 통합이 일어날 수 있다)과 학년별 교사 모임(수평적 통합이 일어날 수 있다)만을 하고 있을 뿐이다. 명백하게 이러한 두 가지의 전통적인 통합의 영역에서조차, 훨씬 많은 것이 행해질 수 있고, 행해져야 한다. 여기에서는 몇 가지 예만을 제시한다.

a. 노트필기

교사들이 중·고등학교 학생들에게 노트필기를 하도록 훈련하는 것은 매우 도움이 된다. 상이한 교과(특히 영어, 역사, 지리, 과학)교사들이 서로 협력해서 정기적으로 몇 분씩만 노력해도 학생들이 대학에서 노트필기를 잘 할 수 있도록 준비시킬 수 있다. 노트필기 훈련을 통해 학생들은 교과에 집중하게 되고, 주변적이고 이차적인 정보로부터 본질적인 요점을 가려낼 수 있게 상당한 도움을 받는다. 교사가 하는 것은 가끔씩 "내가 …에 대해 마지막 10분 동안에 설명한 것 중에서 여러분은 어떤 것을 중요한 요점이라고 적었습니까?"와 같은 질문을 하는 것이다. 물론 정기적으로, 영어나 사회과 교사가 충고나 피드백을 주기 위해 학생들의 노트를 검사하는 것이 좋을 것이다.

b. 보고서 쓰기

학생에게 보고서를 요구하고 부과하는 모든 교과에서는, 동일한 형식과 스타일(예컨대 MLA[2]나 APA[3] 스타일)을 요구하는 것이 좋다. 보고서 작성조건을 정함으로써 학생들이 덜 혼란스러워 하는 것은 별도

2) MLA 양식은 미국현대어문학협회(Modern Language Association of America)에서 만든 영어권에서 널리 쓰이는 영어 문서 작성 양식 중 하나이다. 일반적으로 크기 12포인트의 Times New Roman 글꼴을 사용하며 줄 간격을 2.0으로 작성하고 페이지 설정은 상하좌우 1인치로 공백을 주나, APA와 달리 Times New Roman이 아니더라도 "알아볼 수 있으며 이탤릭체와 일반글꼴의 차이가 보이는" 글꼴이 사용될 수 있다(https://ko.wikipedia.org/wiki 참조)

3) APA 양식은 미국심리학회(American Psychological Association) 편집위원회에서 교육학이나 심리학 분야의 논문 작성자들이 논문을 준비하는데 도움을 주고자 제작한 출판지침서 또는 편람에 규정하고 있는 논문작성에 있어서의 기준을 말한다(강진령 편, 2013 참조).

로 하더라도, 하나의 스타일을 정하고 그것을 지키는 것은 학생의 학문적인 훈련, 과학적인 접근, 예술적이고 문학적인 스타일에 대한 감각을 발달시키는데 도움을 준다. 또한 그것은 표절의 가능성을 줄여준다.

c. 도서관 이용

도서관은 학교와 대학의 심장부라고 말해진다. 하지만 많은 학교에서, 도서관이 필수적으로 요구된 부속물에 지나지 않는다는 사실을 목격하게 되는데, 이것은 유감스런 일이 아닐 수 없다. 이것은 책, 정기간행물, 필름, 매체, 직원을 갖춘 도서관을 유지하는데 상당히 많은 비용이 들기 때문에 유감스럽다는 것이 아니라, 도서관을 자주 이용하는 학생수가 매우 적고, 미디어 센터와 학습자원으로서 도서관이 갖는 거대한 잠재력을 이용하는 학생 수가 매우 적기 때문에, 정말로 유감스런 것이다. 교사들 간의 공동의 노력을 통해, 고등학교 학생들은 공부하고, 신문이나 정기 간행물을 읽고, 참고도서(사전, 백과사전, 지도 등)를 이용하며, 깊이 있는 연구를 하고, 간학문적인 연구를 하며, 책을 대출하고, 도서관 사서에게 문의하는 등등의 활동을 위해, 도서관을 일주일에 3－10시간은 이용해야 할 것이다. 다양한 코스에서 선택해야 할 광범위한 주제들, 프로젝트, 연구와 모험적 과제 때문에, 개별적으로든 그룹별로든, 학생들은 혼자의 힘으로 하긴 하지만 교사나 도서관 사서의 도움을 받아 도서관을 학습의 역동적인 센터로 바꾸어야 할 것이다. 간학문적인 연구와 프로젝트는 동일한 학년수준에서 2명이나 그 이상의 교사들로부터 지도받을 수 있다.

d. 숙제와 과제

수업시간에 교사들이 내주는 다양한 숙제 때문에 학생들은 과중한 부담을 갖게 되고, 종종 질려 버리기도 한다. 어떤 경우에는 한 두 명의 교사들이 숙제를 과중하게 내줘 숙제를 독점하는 경우도 있다. 따라서 교사들 간에 사전 조정과 통합 작업을 통해 숙제의 양과 내용에 차이를 두게 함으로써, 집에서 보다 균형 있는 숙제를 하게 될 것이다. 최종 마감일과 형식에 대해 어느 정도까지 교사들 간에 합의가 이루어지면, 많은 점에서 학생들에게 도움이 될 것이다.

위에서 언급한 예들은 수직적 통합과 수평적 통합의 최소조건일 뿐이다. 그러나 전인교육은 교육과정을 통합하는데 훨씬 많은 것을 요구한다. 학생의 삶에 교육과정이 적합하지 못한 가장 큰 요인은 교과영역들이 서로 전혀 관련성이 없는 것처럼, 교사와 학생들이 교과영역을 구분짓고 구획 짓는 경향 때문이다. 다음의 예시에서 나타난 바와 같이 통합적인 문제와 요인들을 고려함으로써 보다 많은 적합성이 교육과정에 자리잡을 수 있다. 다음의 예시들은 질문의 형식으로 표현되어 있다.

· 영어시간은 사회과에서 배우는 역사라든가 지리 내용과 관련이 있는 읽을거리, 테마, 에세이를 왜 개발하지 않는가?
· 언어, 과학, 수학 교사들은 역사에서 유명한 수학자나 과학자를 다루는 쓰기 숙제나 구두로 제시해야 할 숙제에 대해 왜 협력하지 않는가?
· 일정한 시기에 어떤 나라나 주의 특정한 상황을 연구하는 역사시간은 그 시기에 이용 가능한 과학적인 지식이 일반적인 삶, 의사소통, 수송, 전투 · 전쟁과 관련된 병참학적인 문제에 어떻게 영향을 미쳤는지를 다루는 과제를 왜 취급하지 않는가?
· 미술과 공예시간에는 다른 코스에서 도움이 될 만한 자료(플래쉬카드, 학습교구, 재미있는 게시판, 지도, 표, 유인물 등)를 왜 준비하지 않는가?
· 수학 시간에는 학생의 등록, 축구 팀, 사회활동, 학교 버스, 도서관 등과 관련된 현실적인 예산 및 기타 계산들을 왜 하지 않는가?
· 연극 제작에서는 학생들에게 대본 쓰기, 수사학, 사회문제, 의상

디자인, 무대 설치, 조명, 예산, 인간관계를 다루도록 함으로써 간학문적인 경험을 왜 발달시키지 않는가?

3 교육의 구성요소

경제학에서는 생산의 3가지 요인으로 토지, 노동, 자본을 든다. 이러한 생산의 3가지 요인들은 관리나 조직 하의 생산설계에 통합되지 않으면, 생산은 당연히 정지되거나 잘해야 매우 조잡하고 저조해질 것이다. 이와 유사하게 교육에서도, 지역사회에 바람직한 교육 서비스를 "생산하는 데" 서로 협력하는 세 가지 구성요소들이 있다. 이러한 구성요소들은 교육의 목적과 목표, 교육과정, 방법이다. 첫 번째 요소인 목적과 목표는 교육을 하는 이유를 나타낸다. 두 번째 요소인 교육과정은 교육의 내용을 나타내며, 세 번째 요소인 방법은 교육의 방법을 나타낸다. 여기에서도 이러한 세 가지 구성요소들이 교육행정을 통해 합쳐지게 된다. 본질상 교육의 주체, 장소, 시간과 교육을 하는 이유, 내용, 방법을 통합하는 것이 바로 행정이다.

무엇보다 교육의 목적과 목표(궁극적이고, 가장 근접하고, 가장 직접적인 교육의 목적과 목표)가 가장 선행된다. 이것은 방향감과 목적감을 주는데 도움을 준다. 교육학자들과 철학자들이 고정된 목적을 지지하든 아니면 보다 유동적인 목적을 지지하든지 간에, 실은 목적과 목표를 성취하는 수단으로 적합한 일련의 활동들(교육과정)을 궁극적으로 산출하고 영향을 미치는 것이 목적이다. 목적과 교육과정은 그 목적에 도달하기 위해 사용되는 방법에 영향을 미칠 것이다. 이것은 매우 오랫동안 받아들여져 왔다. 하지만 일단 대부분의 기본적인 목적과 목표가 진술되면, 과정에서 목적과 목표를 잃어버린다는 사실이 비극적인 일이다. 결과적으로, 전술한 세 가지 구성요소들은 오늘날의 교육에서 통합되지 않고 분열되면서 적합성의 간극을 더욱 심화시키고 있다.

4 교육의 구성요소의 통합

전인교육은 교육의 세 가지 구성요소들을 통합하려고 계속해서 의식적으로 노력한다. 예컨대, 물리시간에 수업 목표 중의 하나가 낙하의 법칙을 이해하는 것이라면, 수백 년 동안 유럽 사람들이 다른 물체보다 무게가 두 배인 물체는 두 배로 빨리 떨어진다는 것을 어떻게 알아왔는가에 관해 흥미진진하게 이야기를 하고, 갈릴레오 갈릴레이는 그런 논리에 뭔가 잘못된 점이 있다는 것을 어떻게 생각해 냈으며, 그가 측정 도구도 없이 피사의 사탑에서 두 개의 물체를 떨어뜨리는 실험을 어떻게 하였는지를 말하고, 학생들이 정확한 도구를 사용하여 실험실에서 관찰하고 실험을 하도록 하며, 이러한 낙하의 법칙이 우리의 일상생활에 실제로 영향을 미치는 상이한 방법들을 논의하는 것이 훨씬 더 효과적이고 흥미롭고 적합하지 않을까? 이런 방법으로 교육할 때, 낙하의 법칙은 물리시간에 단지 암기해야 할 공식이 아니다. 그것은 일상생활과 관련된 의미가 있는 경험이 되며, 학생들의 이해와 행동의 일부분이 된다. 또 다른 예로, 세계사 시간의 프랑스 혁명에 대한 단원을 들어보도록 하자. 프랑스 혁명을 이해하는 목표가 학생의 삶과 행동의 중요한 부분이 되도록 하는 활동이나 방법의 예를 몇 가지 들어보자. 다양한 독서를 기초로 하여, 학생들에게 프랑스 혁명의 원인에 대해 논의하도록 하고, 혁명 이전과 혁명 동안의 일상생활을 묘사하도록 하며, 몇몇 학생들에게는 교실에서 사용될 만한 프랑스 지도를 만들게 하고, 또 다른 학생들(예술적인 소질이 있는 학생들)에게는 궁정에서의 삶, 농부들의 삶, 단두대를 묘사하는 장면을 그리게 하며, 프랑스 혁명의 결과가 프랑스와 유럽 이외의 지역에 어떤 영향을 미쳤는지를 논의하게 하고, 이후의 다른 혁명이나 시민전쟁에서의 유사점과 차이점을 논의하게 하며, 프랑스 혁명이 오늘날 일어났다면 프랑스 혁명이 취할 수 있는 여러 가지 가능한 형태들을 논의하게 한다. 역사를 이러한 방법으로 가르치고 학습하게 하면, 학생들은 조만간 역사를 자기 자신의 일부로서 이해하고, 자기 자신을 역사의 산물로서 이해하게 될 것이다. 그들은 또한 세계 주변에서 일어나는 현재 사건들을 이해할 수 있고, 인식할 수 있게 될 것이며, 어느 정도는 미래경향을 예측할 수 있을 것이다. 이것은 역사를 관련이 없는 일련의 연대기와 사건으로 보는 것과는 완전히 다른 문제다. 마지막 예로서, 영어시간에 『주홍글씨』(*The Scarlet Letter*)와 같은 소설을 읽는다고 해보자. 집에서 그 소설을 읽은 후에, 학생들이 서로 다른 인물들을 논의하도록 하라. 문학이 일정한 시기에 일정한 장소에서 사람들의 사고와 감정을 어떻게 반영하는지를 학생들이 볼 수 있도록 하라. 학생들로 하여금 유사한 인물들이 현 사회에서 어떻게 지내는지를 발견하도록 하라. 학생들이 좋아하고 싫어하는 측면들에 대해 쓰도록 하라. 학생들이 작가의 스타일을 논의하도록 하고, 그 스타일을 학생들이 읽은 다른 작가의 스타일과 비교하도록 하라. 학생들에게 그 소설의 어떤 장면들과 사건들을 연출하도록 하라. 이러한 방법 속에서 그같은 활동들을 해냄으로써 학생들은 특정 시대에 대한 이해를 향상시키고, 어휘력을 증가시키며, 문체를 개선하고, 문학작품과 상호작용하며, 자유롭고 책임 있게 의견을 표현하는 것과 같은 목표들을 실현할 수 있을 것이다. 창의성과 언어 숙달의 목표들은 흥미롭고, 역동적이며, 실생활 방식 속에서 실현될 것이다.

우리는 그 이상으로 더 나아갈 수 있다. 많은 경우에, 실제로 전인교육은 교육의 3가지 상이한 구성요소들을 단지 통합하는 문제가 아니다. 오히려, 그것은 이러한 구성요소들 중의 2가지나 3가지 요소 모두를 하나로 보는 문제이다. 예컨대, 상당히 많은 코스들이 객관성, 자유로운 표현, 지적인 정직, 창의성, 협동, 자유로운 선택, 책임, 시민의 책임,

인간관계 등과 같은 목표 중에서 한가지나 그 이상을 목표로 삼을 것이다. 교사가 사용하는 방법이 본질적으로 이러한 목표들과 많이 일치한다면, 즉 교사가 객관적이고, 지적으로 정직하며, 창의적이고, 협동적이며, 책임감이 있고, 선배들 · 동료들 · 학생들과 좋은 인간관계를 맺는 좋은 행동모델이 된다면, 또한 교사가 학생들로 하여금 자기 자신을 자유롭게 표현하는 것을 허락하고, 창의적이고 협동적이며 책임감을 가질 기회를 제공해 준다면, 그때 목표들은 고양될 수 있으며, 학생들은 이러한 목표를 성취하게 될 것이다. 그렇지 않으면, 방법 자체가 이러한 목표를 해치는 가장 큰 요인이 될 수 있다. 이것은 자유교양교육(liberal education)이 마음이 좁고, 완고하며, 편견이 있고, 꽉 막힌 개인에 의해 가르쳐지는 경우와 마찬가지가 될 것이다. 전인교육은 목표와 방법이 분리되지 않고 서로 조화를 이룰 때, 가장 잘 이루어질 것이다.

5 현 교육과정의 주요 문제들

현 중 · 고등학교 교육과정에 상당히 큰 변화가 필요하다는 것은 분명하다. 변화와 개혁이 가장 필요한 주요 영역은 다음과 같다.

- 일반적으로 하루 5.5시간 이하인 수업시간은 적어도 한 시간 이상 늘어날 필요가 있다.
- 연간 180일 이하인 수업일수가 다른 나라의 수업일수와 비교해 볼 때 몹시 낮다. 이것을 적어도 연간 210일 이상으로 늘일 필요가 있다.
- 교육이 이루어지는 모든 과정에서 목적과 목표가 교육내용과 교육방법을 결정한다고 한다. 하지만 실제로는 그렇지 않다. 목적과 목표들은 명목상으로 있을 뿐이다. 어떤 바람직한 선택을 하는데 있

어 매우 한정된 수의 교과서들이 내용을 결정한다. 따라서 실제로는 바로 이러한 교과서들이 교육과정이 된다. 이것은 특히 수학, 과학, 사회과학의 경우에 그러하다. 교육과정의 목적이 궁극적으로 교과서에 있는 내용을 끝내는 것으로 되어 버린다. 그 결과로, 교사들은 교류(transaction)와 상호작용(interaction)의 과정에 깊이 파고들기보다는 정보와 지식을 방출(emission)해내고, 전달(transmission)하는 데만 주력한다.

· 모든 학문영역에서 최소의 목적으로서 국가 기준을 설정하고, 이러한 기준에 따라 학생의 학업성취를 평가하는 방법들을 고안해 내는 것이 무엇보다도 중요하다(National Council on Education Standards and Testing, 1992).

· 목적과 목표는 명백하게 설명되어야 하며, 단지 입 발린 말을 하는 것 이상이 되어야 할 것이다. 그 다음에 교육과정이 구성되어야 할 것이다. 그리고 나서 목적을 성취하고 교육과정에 부합하는 교과서가 마련되어야 할 것이다. 교사들과 행정가들이 보다 폭넓은 선택을 할 수 있도록 다양한 교과서가 구성되어야 할 것이다(Marsh, 1992 참조).

· 교육과정 자체는 보다 세분화되어야 할 것이다. 우리가 세분화된 교수와 세분화된 학습을 하는 것처럼, 상이한 욕구, 상이한 흥미, 학생들의 학습양식에 맞는 세분화된 교육과정이 있어야 한다(Page and Valli, 1990 참조).

6 전인교육과 교육과정

전인교육은 성공하기 위한 계획을 세운다. 전인교육은 교육작용이 성공하도록 계획을 세우게 되지만 물론 성공 그 자체를 위한 것은 아니다. 교육작용의 성공은 각각의 개별적인 학생의 성공에 중점을 둔다. 교육과정 상에서 보면, 전인교육은 밀접하게 관련된 세 가지 수준에서 관계된 요소들을 의식적으로 계속해서 통합하려고 한다.

a. 전인교육은 특히 간학문적인 영역에서 전통적인 경우보다 훨씬 더 심오한 방법으로 교육과정을 수평적·수직적으로 통합하려고 한다.

b. 전인교육은 그 과정에 적극적인 참여자로서 행정가를 끌어들이고, 매우 현실적이고 효과적인 방법으로 교육의 세 가지 구성요소들을 통합하려고 한다.

c. 전인교육은 교육과정의 모든 요소들과 교육의 구성요소들을 지역사회에서 학생들의 실생활과 통합하려고 한다(이 부분은 다음 장에서 더 자세히 다루어질 것이다).

06
전인교육과 언어

1 들어가며

'전인교육과 언어'라는 제목만 보면 우리가 총체적 언어(whole language)에만 관심을 가지고 있다는 인상을 줄 것이다. 물론 총체적 언어에도 관심이 있지만, 여기서 말하려는 것은 총체적 언어가 전인교육에서 기대하는 단지 최소한의 요구조건일 뿐이라는 것이다. 이에 따라 체계적으로 주제를 다루고, 보다 쉽게 이해할 수 있도록 하기 위해서, 다음 여섯 가지 하위 주제를 정하였다.

a. 언어의 구성 요소

b. 언어 기능

c. 언어 사용

d. 언어 교수-학습의 주요 목표
e. 언어 교수 방법
f. 전인교육과 언어

2 언어의 구성 요소

언어 사용과 관련해서 보통 언급되는 것은 형식과 내용 두 가지이다. 형식은 모양, 구조, 언어행위 스타일을, 내용은 그것이 의미하는 바를 뜻한다. 의미(내용)를 언어의 구성 요소 중 하나로 간주하는 사람들도 있다. 물론, 모든 언어사용은 의미를 드러내려는 의도를 갖는다. 의미에 관해 언급하지 않고 언어를 논한다는 것은 응용언어학 관점에서 보더라도 무의미한 일이다. 그러나 본 절에서는 언어의 구성 요소 중 형식에 대해서만 살펴볼 것이다. 의미(내용)에 대해서는 나중에 간단하게 요점만 다룰 것이다. 언어의 형식을 이루는 구성 요소에는 3가지 즉 음운(phonology), 형태(morphology), 구문(syntax)이 있다. 간단히 살펴보겠지만, 어휘라는 말 대신에 형태라는 말을 사용하면 많은 이점이 있다.

언어의 음운은 언어의 소리체계이다. 체계라는 말을 사용하는 것은 음운이 단계적으로 하위체계를 갖고 있기 때문이다. 영어의 음운 체계는 다시 그것의 두 가지 하위체계인 분절적 특징과 초분절적 특징으로 나뉜다. 분절적 특징에는 자음과 모음이 해당되고, 초분절적 특징에는 강세, 억양, 끊어 읽기, 연접, 리듬이 해당된다. 이러한 요소들이 패턴과 특정한 배열 속에서 함께 작용하여 영어의 소리체계를 구성한다. 예를 들어 세 개의 자음 /t/, /s/, /r/과 , 두 개의 모음 /i:/, /i/가 서로 다른 여러 가지 조합을 통해 sit, seat, its, eat, eats, east, steer, tear, treat, treats, street, streets 등이라는 단어를 형성하게 된다. 그러나 영어 단어에는 ts, rs, sr, rt로 시작되는 것이나 sr, str, tr로 끝나는 것은 없다. 영어에는 똑같은 3가지 자음과 똑같은 2가지 모음이 단어 앞머리나 뒷머리에 붙어서 오는 단어가 없다. 자음과 모음의 소리는 서로 대조를 이룬다. 처음에 오는 자음이 달라서 대조되기 때문에 다음의 단어들 pin, tin, thin, sin, fin, bin, shin, kin, win, chin, gin, Lynne 등은 모두 다른 단어가 된다. 이런 예는 대조(contrastiveness)와 구조화된 배열(structured sequencing)이 음운에서 아주 중요하다는 것을 보여준다.

초분절적 특징은 다음과 같이 나누어 볼 수 있다.

· 강세(호흡의 세기)는 단어와 보다 큰 발화(utterance)에 해당한다. 예를 들어 다음 단어들은 강세 위치가 다르다. 형용사 perfect와 동사 perfect의 강세가 다르고, 형용사 subordinate와 동사 subordinate의 경우도 마찬가지이며, 동사 compose와 명사 composition의 강세도 다르다. 다음 문장에서 역시 강세가 오는 위치가 다르다.

My brother didn't eat the apple./ Your brother did.
My brother didn't eat the apple./ My sister did.
My brother didn't eat the apple./ He sold it.
My brother didn't eat the apple./ He ate the pear.

· 억양(목소리의 높낮이)은 발화에 의미를 더해준다. 예컨대, He arrived yesterday는 완료를, He arrived yesterday?는 질문을, He arrived yesterday!는 놀람을 나타낸다.

· 끊어 읽기(휴지나 종결)는 발화(utterance)에 해당한다. 예를 들어 When he arrived/(휴지) we left/(종결)이다.

· 연접(단어와 단어, 또는 한 단어 안에 짧은 정지가 있다). 다음에 오는 단어 짝들 간의 차이에 주목해 보라. nitrate/night rate, I scream/ice－cream

· 리듬(문장 속에서 위의 요소들이 결합하여 발화시에 박자를 나타낸다). 모든 언어는 그 고유의 리듬을 갖는다.

언어 형식의 두 번째 요소는 단어 형식들과 그것들의 변화와 관련된 형태이다. 언어에서 형태소는 뜻을 갖는 최소의 단위를 말한다. 예를 들어 cat이라는 단어와 cats라는 단어는 같은 단어이다. 그러나 cat이라는 단어는 단일의 자유형태소(a free morpheme)로 되어 있으며, cats는 2개의 형태소 즉, cat이라는 자유형태소와 s라는 구속형태소(a bound morpheme)로 이루어져 있다. 모든 접두사나 접미사는 보통 구속형태소이다. 영어에서 하나의 단어는 보통 적어도 하나의 자유형태소로 이루어져 있다. 자유형태소 앞이나 뒤에 붙는 구속형태소는 그 배열에 있어서 규칙을 갖는다. 예컨대, 다음 단어들에서 구속형태소가 배열되는 순서에는 변화가 있을 수 없다: un－constitution－al－ity; ir－re－deem－able; happi－ness; pre－occupie－d.

형태소의 의미와 배열은 언어마다 다르다. 어떤 언어의 경우에, 형태소는 매우 중요한 역할을 한다.

언어 형식의 세 번째 요소는 문장 속에서 단어의 배치와 관련되는 구문이다. 영어에서 어순은 형태에 비해 매우 중요한 역할을 차지한다. 예컨대, 다음 문장에서 어순이 그 의미에 얼마나 영향을 미치는지 살펴보자.

The student greeted the teacher.

The teacher greeted the student.

She is a nurse.

She is a good nurse.

She is not a nurse.

Is she a nurse?

Only she is a nurse.

She is only a nurse.

언어형식의 세 요소인 음운, 형태, 구문은 상호 관련되어 있다. 음운은 형태와 구문에 스며들어 있고, 형태는 구문에 스며 있다. 하나의 소리가 형태소가 되고, 하나의 형태소는 문장을 이룬다. 이들 요소들 간의 상호 관계는 심오하고 복잡하다.

3 언어 기능

언어 기능은 집중해서 듣기, 말하기, 읽기, 쓰기의 네 가지 기능을 말한다. 잘 살펴보면, 이 네 가지 기능은 교수-학습 유형과 방법에 몇 가지 시사점을 준다. 이러한 네 가지 기능을 살펴보는 것이 유익할 것이다.

a. 집중해서 듣기

b. 말하기

c. 읽기

d. 쓰기

순으로 살펴보는 것이 좋을 것 같다.

우선 기능들과 관련해서 가장 두드러진 점은 위에서 말한 순서대로 기능들이 자연스럽게 학습된다는 점이다. 어린아이들은 이러한 순서에 따라 언어를 배워 나간다.

둘째, 집중해서 듣기와 말하기 기능은 심지어 문맹인에게도 해당한다. 하지만 읽기와 쓰기 기능은 약간 늦게 발달한다.

셋째, 처음 두 기능 즉, 집중해서 듣기와 말하기 기능은 보통 청각-구두 기능이라고 하며, 수용하는 활동(듣기)과 산출하는 활동(말하기)을 나타낸다. 물론 집중해서 듣기에 포함된 반작용, 반응, 상호작용은 어느 정도 산출적인 것이 있지만, 바깥 것을 안으로 끌어들인다는 점에서 본질적으로 수용 활동이다. 이러한 수용-산출적 요소가 읽기와 쓰기 기능의 특징에서도 나타난다는 것은 재미있는 일이다. 집중해서 듣기의 경우와 마찬가지로, 어떤 절을 읽을 때 그것에 대한 반응이나 상호작용과 관련된 산출 요소가 있다. 소리내서 읽기에 관련해서는 또 다른 산출요소가 첨가된다.

마지막으로 언어학습 과정에서 위 네 가지 기능을 역순으로 살펴보는 것도 중요하다. 만약 어떤 것을 먼저 읽을 수 있으면, 그것을 쓰기는 어렵지 않고, 어떤 것을 먼저 말할 수 있으면 그것을 소리내어 읽기는 어렵지 않으며, 또 먼저 그것을 들을 수 있으면 발화하기 쉽다. 달리 말해, 네 가지 기능은 언어학습 과정에서 그 순서상 서로 의존하고 있다.

여기에서 언어 기능에 관한 몇 가지를 더 언급하는 것이 좋을 것 같다. 집중해서 듣기(listening)와 듣기(hearing)는 구별되어야 한다. 들리는 소리를 집중해서 들으면 듣지만, 그렇지 않으면 못 들을 수 있다. 이 말은 제2 언어나 외국어를 배우는 경우에 해당하는 말이다. 사실 자국어를 말하는 사람들은 자기 나라 말에서 대조적인 소리(형태소)의 특징만을 듣는다. 그들은 자신들의 고막을 울리는 말 속에서 비대조적, 비구별적인 소리의 특징을 듣지 못한다. 예컨대, 영어를 자국어로 쓰는 사람들은 다음 단어들 kit, comb, caught, coup 등이 내는 /k/ 음의 비대조적 변화는 듣지 못한다. 따라서 집중해서 듣기가 기본적인 언어 기능이지만, 특히 제 2 언어나 외국어를 배우는 경우, 말의 흐름 속에서 소리의 구별되는 변화를 들을 수 있게 하는 것이 중요하다.

4 언어 사용

언어의 구성 요소(대조적인 음운론적 요소, 제한적이기는 하지만 어휘의 증대, 많이 사용되는 구속형태소, 기본적 구문패턴)를 학습하고,

네 가지 언어 기능을 학습했다는 것은 학생들이 언어의 구조적 패턴 속에서 특정 숙달 수준에 도달했다는 말과 같거나, 학생들이 어느 정도 언어 능력에 도달했다는 말과 같다. 그러나 언어적 단위와 구조를 자유롭게 구사할 수 있는 능력은 학습자가 효과적으로 적절하게 의사소통할 수 있다는 것을 보장하지는 않는다. 달리 말해서, 언어능력이 의사소통 능력을 보장하지는 않는다. 학습자가 학습한 언어를 기능적으로 또 적절한 상황에서 사용할 수 없으면, 그들에게는 의사소통 능력이 있다고 말할 수 없다. 실용적 관점에서 볼 때, 언어사용은 언어형식과 언어 단위가 저장되어 있는 저장고에 들어가, 주어진 특정 상황에서 개념, 기능, 감정, 바람직한 태도를 의사소통하는 데 적합하고 다양한 형식들을 분간해내는 것을 의미한다. 이러한 개념, 기능, 감정, 태도에 해당하는 예는 다음과 같다.

개념: 감사, 사과, 기술, 보고, 시간, 장소 등

기능: 탐구, 초대, 요구, 명령 등

감정: 분노, 행복, 난처함, 만족, 승인 등

태도: 낙관주의, 비관주의, 긍정론, 부정론 등

이런 것들이 언어를 사용하는 이유다. 즉, 우리는 개념, 기능, 감정, 태도를 소통하기 위해 언어를 사용한다. 의사소통 능력을 습득한다는 것은 의도한 의미를 드러내기 위해, 구체적인 형식을 언제, 어디에서 사용하는가를 학습하는 것이다.

5 언어 교수-학습의 주요 목표

넓게 보아 언어를 가르치고 학습하는 포괄적인 목표는 학생들로 하여금 효과적으로 의사소통할 수 있게 하는 것이다. 효과적인 의사소통에는 성장과 발달과정이 포함된다는 것을 기억해야 한다. 이러한 성장과 발달은 인지적이고 동시에 행동적이다. 따라서 성장과 발달의 과정은 인지적 성장과 행동적 변화를 말한다. 언어능력 발달에 관련된 인지적 성장은 표현(형식)과 내용(의미) 모두와 관계가 있다. 언어능력의 발달과 관련된 행동적 변화 역시 표현(형식)과 의사소통 행위 자체 모두와 관련된다. 이것은 언어학습자가 다음과 같은 활동에 몰두하고 있다는 것을 의미한다.

a. 언어와 그것이 기능하는 방법을 학습한다.
b. 집중해서 듣고, 말하고, 읽고, 쓰는 다양한 형식의 의미를 학습한다.
c. 언어적 맥락과 언어 이외의(사회적 · 문화적) 맥락에 맞게 다양한 형식을 사용하는 것을 학습한다.
d. 학습된 언어와 특정 상황에서의 사회적 행동을 어떻게 상호 관련지을 것인가를 학습한다.

즉, 언어 교수-학습의 주요 목표를 다시 기술해보면,

a. 다양한 음운론적 언어 형식, 형태론적 언어 형식, 구문론적 언어 형식을 학습한다.
b. 네 가지 언어 기능(집중해서 듣기, 말하기, 읽기, 쓰기)을 학습한다.
c. 상황에 맞는 언어 형식을 사용한다.
d. 구어와 문어에서 상호작용과 담화의 과정을 강조한다(Keen, 1992).

다시 말하자면, 언어를 가르치고 배우는 주요 목표는 언어능력과 의사소통 능력을 동시에 발달시키는 것이다.

6 사용방법의 결정

어떤 방법을 사용할지를 결정할 때에는 목표를 고려하는 것이 중요하다. 분명히 방법론은 목적 자체는 아니고, 단지 목표 달성을 촉진하는 수단이라고 할 수 있다. 만일 목표와 방법이 조화를 이루면, 즉 그들이 잘 통합되면 과정은 향상될 것이고, 방법론 역시 효과적이 될 것이다. 여기서 세 가지 접근법에 관해 살펴볼 것이다.

a. 구조주의적 접근(The Structural Approach)

이 접근의 주요 특징은 다음과 같다.

- 언어는 기본적으로 구조체계를 갖는다.
- 이 구조는 주로 음운과 문법에 해당한다.
- 가르치는 구조는 언어적・문화적 맥락에 맞게 배치되어야 한다.
- 어휘학습은 학습자의 언어 기능이 발달함에 따라 점차적으로 이루어진다.
- 학습되어야 할 언어 기능은 말을 이해하기(듣기), 말하기, 읽기, 쓰기이다(언어습관은 이 네 분야에서 형성된다).

다음은 제2언어나 외국어를 배우는 경우이다.

- 학습자의 모국어 구조는 배우려고 하는 외국어 구조와 비교・대조되어야 한다.
- 이와 같은 대조적 분석은 원어민이 다른 언어를 학습하려고 할 때 직면하게 되는 각종 언어 문제에 관해 우리가 미리 알 수 있게 해준다.
- 배우고자 하는 언어의 교재는 학습자의 모국어를 염두에 두고 준비한다.

구조주의적 접근은 현대 언어학에 기초해 외국어를 가르치는 제일의 실제적인 접근법이다. 교사와 학생을 위한 수백 권의 책이 위에서 언급한 특징을 따라 구조주의적 접근에 기초해서 출판되었다. 구조주의적 접근의 주된 약점은 이러한 접근법에 지나치게 오래 의존하면, 여러 권의 교과서와 많은 교실에서 그러한 것처럼, 구조에 너무 많은 시간과 노력을 들이게 될 때 언어 사용의 실제적·기능적인 면을 많이 상실하게 된다는 것이다. 교실에서 주로 이루어지는 구조적 연습에는 기능적 가치가 거의 없거나 전무하다.

b. 의사소통적 접근(The Communicative Approach)

개념적 접근, 또는 기능적 접근이라고도 하는 의사소통적 접근은 1970년대 초에 시작된 접근이다. 이 접근은 소통되어야 할 내용에서 시작한다. 즉, 사람들이 '의사소통' 하고자 하는 '개념'이 무엇인지, 또는 수행되기를 원하는 '기능'이 무엇인지를 묻는 데서 시작한다. 의사소통 될 개념이나 수행되어야 할 기능을 결정한 후에, 그러한 개념을 소통하는 데 필요한 최선의 언어 요소(어휘와 문법)를 선택한다. 이러한 기능과 개념의 예에는 시간, 공간, 태도, 일치, 요구, 불일치, 기쁨, 사죄, 부인, 분노, 만족, 배려, 반대 등이 있다. 의사소통적 접근의 강점은 다음과 같은 사실에 있다.

- 언어는 살아 있는 의사소통의 수단이다.
- 활동적이고 살아있으며 실제적인 언어 사용이 가장 중요하다.
- 언어는 어떤 아이디어나 개념을 소통하기 위해 사용된다.

(1) 다양한 상황(공식적, 비공식적, 진지한, 장난스러운)에서,

(2) 다양한 사람들(연장자, 동료, 상사, 일상적으로 아는 관계, 친한 친구)과 더불어 효과적인 결과를 얻기 위해, 상이한 언어 형태와 언어 수준을 요구한다.

· 어떤 목적을 위해 언어를 사용하는가가 가장 중요하다. 따라서 목적에 따라 적합한 언어 형식(어휘와 구조)이 선택된다.

의사소통적 접근은 학생들이 언어를 사용하는 경험 속에서 바로 언어 요소를 배울 수 있다는 점에서 매우 실제적이다. 그러나 이러한 접근법이 구조적인 문제를 충분히 고려하지 않는다면, 외국어를 배우는 학습자들은 필수적인 언어 기능을 발달시키지 못하고 그들이 사용할 수 있는 몇 가지만을 학습하는데 그칠 것이다. 또, 교사가 그 언어를 구사하는 능력이 뛰어나지 못할 경우는 이 방법을 사용하는 것이 매우 어렵다.

c. 총체적 언어 접근(The Whole Language Approach)

총체적 언어 접근은 언어 교수-학습에 관한 가장 최근의 접근 방법으로, 주된 특징은 다음과 같다.

· 언어의 구성적 요소들은 전체적으로 통합될 수 있다. 발음, 어휘, 문법(형태와 구문)은 전체를 구성한다고 본다.
· 언어 기능은 통합되어 있다. 집중해서 듣기, 말하기, 읽기, 쓰기라는 네 가지 언어 기능이 언어사용의 구성요소로 기능하는 방식으로, 또 상호간에 기능을 강화시켜주는 방식으로 함께 조정된다. 예컨대, 교실에서 문장의 한 단락을 읽고, 그것을 가지고 토의한 후, 그것에 대해 무엇인가를 쓰는 것은 하나의 주제를 종합적으로 다루는 것이라고 할 수 있다.
· 테마를 다룰 수 있다. 어떤 테마든지 다양한 활동에 적합할 수 있다. 다양한 활동은 한 두 가지 형식으로 언어를 사용할 것을 요구한다.
· 토의나 연구 중인 테마를 위해 독창적인 문학작품을 사용할 수 있다. 여기서 말하는 독창적인 문학작품은 영문학(에세이, 소설, 시

등)에 국한되는 것은 아니고, 그 테마가 연구되는 것에 적합한 것이면 모두 가능하다.

- 학생들이 두려워하거나 주저하지 않고 언어를 사용하도록 격려하고 고무한다. 학생들이 자기확신이나 유창하고 능숙한 말솜씨를 어느 정도 발달시킬 때까지는 바르고 정확한 표준 언어의 사용을 늦출 수 있다.
- 위에서 지적한 틀 안에서 교사와 학생이 교실 안과 밖에서 바람직한 목적 즉, 보다 효과적인 의사소통에 도달하기 위해 발달시킬 수 있는 독창적이고 혁신적인 테크닉은 무수히 많다.

총체적 언어 접근은 언어를 교수하는 가장 자연스럽고 흥미진진한 방법의 하나로 환영할 만하지만, 다음과 같은 점에서 약점을 갖는다.

- 구조적(음운, 형태, 구문) 문제를 극복하기 위한 노력 없이는 언어 형식과 관련된 몇몇 분야들이 간과될 수 있다.
- 교수요목이 학생으로 하여금 공통의 개념, 기능, 감정, 태도를 표현하고 조정할 수 있는 기회를 제공하도록 하기 위해서 약간의 구조화와 계획이 필요하다.
- 만일 교사가 처음에 너무 방임적이면, 자신감을 주려는 바람직한 분위기의 발달이 오히려 고치기 어려운 잘못된 언어습관을 야기할 수도 있다.
- 교사가 적당한 교육과 재교육을 받지 않으면, 교사는 총체적 언어가 교실에서 작용하도록 하는데 상당히 힘들어 할 것이다.

7 사용방법에 대한 결론

이 책은 언어 교수-학습에 관해 본격적으로 다루는 책이 아니기 때문에 언어 교수-학습법을 아주 간단하게 다루었다. 언어를 가르치고 학습하는 데 흥미 있는 학생과 교사는 언어 교수-학습 방법을 다루는 다른 책들을 참조하는 것이 도움이 될 것이다.

내가 말하고 싶은 것은 하나의 접근 방법만으로는 우리가 언어를 가르칠 때 당면하는 모든 문제를 해결할 수 없다는 것이다. 어떤 방법이 다른 방법에 비해 더 나을 수는 있으나, 모든 방법은 나름대로의 강점과 약점을 가지고 있다.

내 생각으로는 최선의 전체적인 접근(total approach)은 실제로 특정 학습-교수 상황에 가장 잘 맞는 다양한 접근법의 요소들을 결합하는 것이다. 그러한 학습-교수 상황은 학생의 수준과 능력을 고려하며, 교사가 가르치는 언어에 대한 교사의 언어능력, 교수능력, 학급 규모, 다양한 교구의 유무, 사용되는 교재의 성격, 학생이 지역 사회에서 듣거나 사용할 것 같은 영어의 양과 종류를 고려하는 것이다.

최근의 경험에 따르면, 아래에서처럼 다양한 접근으로부터 각종 요소들을 결합하는 것이 매우 실제적이고 성공적이다. 단, 그 방법을 적용하는데 올바른 조건이 주어져야 한다.

· 총체적 언어 틀 안에서 의사소통적 접근에 기초하여 가르친다.
· 학습자가 언어능력을 점차 발달시키는 동안 교사와 학생이 기능적인 방법을 사용할 수 있게, 단어와 문법 패턴을 난이도에 따라 분류하는 것에 세심한 주의를 기울인다.
· 가르치는 언어를 가능한 많이 주변 맥락(상황)에 맞춘다.
· 직전교사교육, 현직 교사교육, 교사 재교육을 제공하고, 총체적 언어접근과 의사소통적 접근을 사용하며, 유용하고 필요할 것 같은 요소는 다른 접근법에서 차용한다. 예를 들어 읽기(특정한 목적을 위한 읽기), 문법구조 설명하기, 받아쓰기(이해력, 철자법 향상을 위한 쓰기), 다양한 쓰기 연습(습자 기능, 어휘사용 기능, 문장구성 기능, 테마개발의 기능을 발달시키기 위한 쓰기 연습), 언어학

습 과정을 촉진하기 위한 다양한 교구(특히 언어학습에서 청각과 구두 훈련 자료와 컴퓨터화된 자료), 번역(이것은 시간을 절약할 수 있고 외국어 학습자의 즉각적인 목적에 기여할 수 있다) 등이 여기에 해당한다.

8 전인교육과 언어

언어는 학생이 언어적인 면이나 의사소통 면에서 보다 능력 있게 되는 것을 목적으로 한다. 총체적 언어 틀과 총체적 언어 접근법은 언어의 구성 요소들(음운, 형태, 구문)을 통합하고, 네 가지 언어 기능(집중해서 듣기, 말하기, 읽기, 쓰기)을 통합하며, 언어를 가능한 자연스러운 방법으로 사용할 수 있다는 이점이 있다.

전인교육은 이것 이상을 추구한다. 전인교육은 위에서 언급한 대로, 언어를 전체적으로 다루며, 그것이 학교와 지역사회에서의 학생의 삶과 통합되도록 한다. 몇 가지를 제시해보면 다음과 같다(Gillis, 1991 참조).

a. 게시판

학급 소식이나 지역사회의 소식을 일주일에 한 번씩 다양하게 싣는 것은 재미있는 활동이다. 단어퍼즐, 백일장, 찬반 논쟁을 실을 수도 있으며, 학교와 지역사회에서 지내면서 실제로 있었던 재미있는 일화를 첨가하는 것도 좋다.

b. 소식지

이것은 언어 능력과 예술적 재능을 깨닫게 해주는 매우 실제적인 수단이다. 주마다 또는 달마다 소식지를 발간하게 되면, 학생들의 언어능력과 의사소통 능력을 발달시킬 뿐만 아니라, 여러 다양한 분야의 지식을 증대시켜 준다. 편집회의는 회의 절차 기술, 평가 전략, 편집 기술, 인간관계, 마감일을 지키는 능력을 발달시켜 준다.

c. 생일축하 행사

매 학기 한 번씩 학생들은 그 학기 동안에 생일을 맞은 학생들의 생일을 축하해 준다. 매번 다양한 활동과 주제로 생일축하 행사를 한다. 예를 들어 어떤 경우에 어떤 학생들은 초대장을 만들어 보내고, 또 어떤 학생들은 케 과 과자를 직접 만들며, 친구들과 만드는 방법을 서로 가르쳐주며, 누구는 노래를 불러주기도 한다. 어느 경우에는 매번 생일 때마다 반 친구들이 테마를 선택해 개발하기도 한다. 특정 테마는 생일을 맞는 학생의 특별한 능력을 강조하거나 그 학생과 역사 속의 주요 인물 간의 유사점을 나타내는 것이어도 좋다.

d. 여타 교과의 문학적 활용

이것은 매우 매력적인 활동이 될 수 있다. 역사와 과학 등의 교과서나 관련된 도서관 책들의 몇몇 구절들을 학생들에게 수업시간에 가져오게 한다. 이러한 것들이 학생의 문학 스타일과 발달에 훌륭한 문학 자료가 된다는 것을 보여준다. 이와 비슷한 활동이 교실에서 신문이나 잡지 기사, 지역사회 지도자나 국가 지도자들이 행한 연설문을 다뤄봄으로써 이루어질 수도 있다.

e. 지역사회활동

이것은 해볼 만한 가치 있는 경험이다. 각각의 학생들이 자신의 흥미와 관심에 따라 신문사나 잡지사, 인쇄소, 출판사, 광고 회사, 극장 등을 방문해서 그곳에서 하는 일을 관찰하고, 그곳에서 일하는 사람들을 면접하며 방문한 것에 관해 보고(구두 보고와 서면 보고)한다. 다양한 활동을 열거할 뿐만 아니라, 그 활동에 대해 좋았던 점이나 싫었던 점을 언급하는 식으로 반응하고 상호작용하며, 이러한 시설들이 언어와 지역사회에 기여하는 바를 보고하고, 그들로부터 어떻게 배울 수 있고, 그러한 활동에 어떻게 참여할 수 있는지를 보고한다.

f. 연극 제작

이것 역시 학생들의 사기를 진작시키는 매우 풍요로운 경험이다. 그러나 이것을 풍요로운 경험이 되게 하려면, 보통 하는 식으로 이루어지는 학교 연극 공연 이상의 것이 되어야 한다. 만일 단편 극본 몇 편을 읽고, 주제, 인물, 구성, 사건의 순서(시퀀스), 스타일 등을 검토한 후에, 학생들이 교실에서 하나의 주제에 해당하는 당면한 사회적 문제를 결정하고 구성을 결정하며 인물과 사건 순서를 디자인하고 직접 대본을 쓰게 되면, 학생들은 지역사회 주민들도 즐길 수 있고 지지해줄 수 있는 창의적인 작품 하나를 갖게 되는 것이다. 만일 미술 시간(디자인, 가정관리)에 학생들이 의상과 여러 가지 소도구로 만든 무대설치를 준비할 수 있으면, 학생들은 그 활동 속에서 예술적인 것과 기술적인 것을 통합할 수 있다. 또, 만일 학생들이 입장권과 초대권을 직접 디자인해서 지역사회에 팔고, 지역사회에 가치 있는 일을 하기 위해 약간의 이익이 남도록 예산을 짠다면, 그들은 자신들의 활동과 경험을 풍부하게 하고, 그것은 자신들에게 종합적이고 의미 있는 것이 된다.

이러한 것은 단지 몇 가지 예이지만, 전인교육이 언어와 같은 특정 분야에서 가지는 범위와 규모를 보여준다.

07
전인교육과 사회과학

1 사회과학이란 무엇인가?

학문영역을 분류한다는 것은 때로는 그리 쉬운 일이 아니다. 하지만 하나의 틀이 정해지게 되면, 그 과제는 훨씬 쉬워진다. 사회과학(social sciences)이 인간의 행동과 관련된 학문들을 포함한다고 하면, 사회학 · 역사학 · 경제학 · 심리학 · 정치학을 사회과학으로 분류하는 것이 거의 관례일 것이다. 그러나 언어는 어떤가? 우리는 언어나 언어학을 어디에 분류할 것인가? 사실, 언어학은 독특한 과학에 해당한다. 왜냐하면 언어학은 많은 학문에 걸쳐있기 때문이다. 언어학은 소리를 일으키는 발성기관(vocal apparatus)과 관계한다는 점에서 생리학으로 분류될 수도 있다. 또한 언어학은 음파와 음향적인 성질 때문에 물리학으로 분류될 수도 있다. 언어학은 의사소통적인 요소와 관련해서는 사회학으로 분류될 수 있다.

그러면 사회과학으로 분류되는 것들은 왜 사회과학이라고 불려지는가? 둘이나 그 이상의 사람들과 관련되어 있을 때에는 무엇이든지 본질상 사회적인 것이 된다. 모든 사회과학은 인간의 행동을 다룬다. 이것은 새로운 것이 아니며, 매우 오랫동안 알려져 온 사실이다. 하지만 여기서 또 다시 그것을 언급하는 이유는 수렁 속에 빠져서 잃어버린 것처럼 보였던 매우 심오한 목적을 위해서이다. 그러나 먼저 다른 질문부터 제기해 보도록 하자. 왜 그것들은 사회과학이라고 불리는가? 사회과학은 연구 방법론 때문에 과학이라고 볼 수 있다. 과학의 방법론은 객관적이고, 엄격하며, 엄밀하고, 자기 교정적이다. 그러나 사회과학은 본질상 생명과학・자연과학과는 다르기 때문에, 서로 다른 사회 과학자들이 동일한 객관적인 방법론을 사용한다고 해도, 다른 결론에 도달할 수 있다. 그럼에도 불구하고, 이러한 학문들을 과학으로 간주하는 것은 사용된 방법론의 엄격함 때문이다. 물론 이것 또한 새로운 것은 아니다. 그럼에도 불구하고 사회과학을 과학이라고 강조하는 이유는, 특히 그 학문들의 사회적 특성과 더불어, 그것이 기본적으로 중요한 의미를 갖기 때문이다.

사회과학 수업시간에 포함되는 내용과 방법은 사회과학을 가르치는데 가장 필수적이고 유일한 요소, 즉 어떤 주제에 대한 행동적인 접근(이것은 주관적이고 정서적인 판단을 수반할 수 있다)과 동일한 주제에 대한 과학적인 접근(이것은 객관적이고 공정한 판단을 수반해야 할 것이다) 사이의 균형을 놓치곤 한다. 사회과학 교과를 단지 정보를 학습하는 교과영역으로 간주해서는 안 된다. 사회과학은 학생들이 인간 행동의 모든 측면에 대한 자기 자신의 감정과 반응을 간직하면서, 그것을 과학적으로 볼 수 있도록 하는 대단히 귀중한 기회를 제공해 준다.

사회과학을 공부하는데 있어 이러한 균형을 유지하는 것이 지역사회에서 당면하게 되는 각종 생활문제들에 적절히 대처하고, 나아가 타인들과 의미 있게 상호작용을 할 수 있는 개인의 인격을 발달시키는데 도움을 준다.

2 사회과학 교수-학습의 주요 목표

어떤 교과라도 목표의 중요성을 강조하는 것은 지나친 일이 아니다. 교육과정을 설계하고, 교육방법을 계획할 때, 목표를 계속 염두에 두어야만 교육작용과 교육의 과정에 필요한 초점과 방향을 제공해 줄 수 있다. 모든 교과가 마찬가지지만, 특히 사회과에서 이러한 목표는 교육과정 활동과 교육방법론을 결정할 뿐만 아니라, 목적을 평가하기 위한 기준으로서 작용할 것이다. 우리가 학생의 진보를 결정할 수 있고, 학생의 성장과 성공을 측정할 수 있는 것은 이러한 목표 때문이다. 그렇다면 고등학교에서 사회과학을 가르치는 주요 목표는 무엇인가?

a. 학생들은 자기 자신을 몇 가지 요인의 산물로서 이해한다

학생들은 자기 자신을 역사의 산물이며, 역사의 일부분으로서 이해할 것이다. 그들은 자기 자신을 유전적 요인·환경적(사회적이고 자연적인) 요인의 산물로서 이해할 것이다. 그들은 자기 자신을 그들이 일부분을 이루고 있는 상호작용(사람들·사물들과의 상호작용)의 산물로서 이해할 것이다.

b. 학생들은 그들을 둘러싼 요인들에 기여하는 자로서 자기 자신을 이해한다

학생들이 각종 사건과 그 사건을 처리하는 데 구경꾼 역할로 제한된다면, 그들은 항상 격리되고 분리되어 있다고 느낄 것이다. 즉, 그러한 사건들은 학생들에게 적합성을 잃게 될 것이다. 학생들이 그들의 주변 사건에 적극적인 참여자가 될 때, 그들은 사건에 매우 큰 관심을 갖게 된다. 그들이 사건에 영향을 미침과 동시에 사건에서 영향을 받게 될 때, 사태는 전혀 다른 전망을 취한다. 즉, 삶이 보다 생기 있게 되고, 보다 역동적이며, 보다 적합하게 된다.

c. 학생들은 건전한 자아개념을 발달시킨다

a와 b의 목표를 달성한 결과로, 학생들은 건전한 자아개념이나 자아상을 발달시킬 것이다. 이러한 자아상은 아마도 학생의 전체적인 복지와 다른 사람들에 대한 자기 자신의 가치를 자각하는데 공헌하는 단일의 가장 큰 요인이다.

d. 학생들은 시민으로서 그들의 지역사회에 적극적인 참여자가 되는 것을 학습한다

사회과학 교과는 이것을 가능하게 하는 주요한 장이 될 수 있다. 학생들은 자기 자신을 지역사회 행사의 구경꾼으로 여겨서는 안 된다. 그들은 그 행사에 적극적으로 참여해야 한다.

e. 학생들은 자기 자신을 민주주의 사회에 책임있는 참여자로서 이해한다

사람들이 어떤 사회의 특징에 반항하는 이유 중의 하나는 그들이 자기 자신을 그 체제의 이방인으로서 보기 때문이다. 즉 권리에 상응하는 책임을 강조하지 않고, 권리와 특권만을 지나치게 강조했기 때문이다. 이러한 책임은 적어도 사회적이고 지적인 수준에서 서로 존중하고 책임을 함께 나누는 형태로 나타나야 한다. 따라서 각각의 학생은 자기 자신을 민주주의 사회를 구성하는데 중요한 역할을 담당하는 자로서 이해해야 한다(Sigel and Hoskin, 1991 참조).

f. 학생들은 자기 자신을 문화와 인종이 다양한 사회의 접합 요인 (cementing factors)으로서 이해한다

여기에는 이중적인 역할이 있다. 학생들은 자아개념을 발달시키고, 자신들의 인종적이고 문화적인 배경에 어떤 자부심을 갖기도 하지만, 그럼에도 불구하고, 그들은 협동, 이해, 책임의 공유라는 특성들을 드러낼 것이다. 이런 특성이 상이한 배경들을 접합하고, 이질적인 요소들을 엮어서 공통적인 국가목적과 염원을 지닌 통일된 사회조직을 만들게 될 것이다.

g. 학생들은 광범위한 전망을 발달시키고, 자기 자신을 세계문화의 부분으로서 이해한다

오늘날과 같은 역동적인 세계 속에서는 고립주의(isolationism)가 설 자리가 없다. 세계의 어느 곳에서 일어난 사건이든지 모든 주요한 사건들은 실제로 모두 다른 곳에 영향을 미친다. 게다가, 사람들과 국가들은 서로를 필요로 한다. 다른 사람과 다른 문화에 대한 이해는 세계화된 삶을 성공적으로 살고, 평화를 유지하면서 공존하게 하는 열쇠이다.

h. 학생들은 질적인 방식과 균형이 잡힌 방식으로 지식, 기능, 태도, 정서를 발달시킨다

지식의 발달은 정보와 이해의 습득을 수반한다. 기능의 발달은 합리적으로 사고하는 능력을 수반하며, 수용적이고 생산적으로 의사 소통하는 능력뿐만 아니라 정보를 수집하고, 분석하며, 이용하는 능력을 수반한다. 태도의 발달은 사람, 사물, 사건에 대해 긍정적이고 건설적인 성향을 습득하고 적용하게 한다. 정서의 발달은 개인적인 행동과 대인 간의 행동을 다채롭게 하는 감정의 함양이나 감정의 통제를 가능하게 해준다.

i. 학생들은 친구를 사귀는 능력과 사회적 지평을 넓히는 능력을 발달시킨다

친구를 사귀는 열쇠는 긍정적이고 의미 있으며 건전한 방식으로 행위하고 반응하며 상호작용하는 것을 배우는 것이다. "어느 누구도 고립된 섬이 아니다"라는 말처럼, 학생들이 친구를 사귀고 그들의 사회적 지평을 넓히는 것을 배우는 것은 본질적이다. 어떤 의미에서 이것은 하나의 기술이지만, 그것을 따로 분리하여 하나의 목표로 설정한 것은 그 중요성 때문이다.

3 사회과학의 통합

고등학교에서 제공하는 가장 공통적인 사회과학 코스는 약간의 지리·정치를 다루는 역사와, 약간의 상업적인 지식을 다루는 경제로 이루어진다. 그 역사가 주의 역사든, 지역사든, 미국사 내지 세계사이든 간에, 그 교과서들은 일반적으로 연대, 사건, 사건의 추이를 강조한다. 가끔씩 정부, 정치, 지리와 관련된 문제들이 제기된다. 전쟁과 같은 사건을 초래하게 된 원인과 조건이 언급되고 논의된다. 경제학 코스에서 교과서는 생산, 공급과 수요, 사업기관, 은행업무, 시장, 광고, 사업과 무역, 거의 드물게는 국제적인 거래의 요인들을 다루게 된다. 이러한 코스들은 그 구성상, 보다 포괄적인 대학코스의 입문과정이 되도록 설계된다. 하지만 대학에서는 두 가지 요인, 즉 깊이와 학생들이 처음에 가졌던 흥미 및 동기가 그 코스들을 보다 적합한 것으로 만드는데 기여한다. 고등학교의 경우, 이러한 코스들은 성공하지 못하는 경향이 있다.

사회과학 교수-학습 목표가 진지하게 설정되면, 매우 실제적인 방식

으로 바람직한 결과를 얻기 위해서 사회과학과 관련된 모든 교사들이 코스내용을 조직하고 방법상의 전략을 짜는데 공동의 노력을 들여야 한다. 사회과학 코스의 내용면에서 볼 때, 사회과학의 의미있는 통합을 위해서 철저한 조사와 분석이 필요하다. 이것을 행하는 한 가지 방법은, 그것이 확실히 유일한 방법은 아니지만, 역사적인 전망에서 많은 테마들을 개발하는 것이다. 그러한 테마들로 ⓐ 독립 투쟁, ⓑ 미국 땅에 전쟁이 일어난 원인, 과정, 결과, ⓒ 초기 개척 시절부터 1779년까지의 사회적 · 경제적 조건, ⓓ 1779년이래 이민자들이 사회적 · 경제적 · 문화적 측면에 끼친 영향, ⓔ 미국에서의 정당 발달, ⓕ 미국 원주민의 생활, 투쟁, 조건, ⓖ 아프리카계 미국인의 생활, 투쟁, 영향, ⓗ 해외전쟁에 미국의 참전, ⓘ 1949년 이래 미국과 유엔, ⓙ 1900년 이래 미국에서 도시생활과 시골생활의 변화, ⓚ 시 정부, 주 정부, 연방정부, ⓛ 선거제도의 발달, ⓜ 1900년 이래 주요한 사회적 · 경제적 문제들, ⓝ 미국헌법과 미국헌법 수정조항, ⓞ 소수민족의 권리와 책임, ⓟ 미국에서의 산업 발달, ⓠ 미국의 수입과 수출 그리고 세계시장 등을 들 수 있다.

방법상의 전략은 가능한 한 효과와 영향 모두를 포함해야 할 것이다. 달리 말해서, 모든 사건, 상황, 조건이 그 주제에 적절성과 적합성을 증가시킬 수 있으려면, 인간적 · 사회적 · 경제적 · 정치적 · 심리적인 관점으로부터 이해되어야 할 것이다. 동시에 개인적인 반응과 상호작용이 허용되고, 고무되어야 할 것이다. 학급토론, 구두보고와 서면 보고서, 그리고 기타 다양한 활동들이 그 과정에 개인적인 참여와 상호작용을 촉진시킬 뿐만 아니라 주제와 테마에 대한 보다 나은 이해를 촉진시키기 위해 사용될 수 있다. 사회과학을 이런 식으로 다루고, 사회과학 교수-학습 목표를 코스내용과 방법 상의 전략을 계획하는데 의식적으로 고려할 때, 학생들은 그 논쟁점들이 주는 영향력을 느낄 뿐만 아니라 그 논쟁점들에 영향을 미치는 방식들을 검토함으로써, 논쟁점들을 살아 있는 것으로 만들 것이다.

4 사회과학과 다른 학문들과의 통합

서로 다른 교사들이 행한 작업들이 적절하게 통합되지 않는다면, 여러 학문의 많은 목표들을 망칠 수 있다. 예컨대, 역사교사가 영어교사의 특정한 언어기준을 따르지 않는다면, 많은 학생들의 노력이 물거품이 될 수도 있다. 그러나 이것이 바람직한 통합의 유일한 형태는 아니다. 논쟁, 구두 보고, 서면 보고서, 에세이를 전개시키기 위한 테마를 찾는데 있어, 왜 영어교사는 사회과학과 관련된 테마를 사용하지 않는가? 더욱이, 미술교사는 사회과학 교육과정에서 배우는 상이한 시대와 시기의 유행, 모티프, 스타일을 왜 지적하지 않는가? 이와 유사하게, 사회과학 교사는 사회과학 수업시간에 나오는 상이한 시대에서의 과학과 관련된 사실이나 예술과 관련된 사실들을 왜 사용하지 않는가? 다양한 코스의 교육과정 세부사항들이 동일한 학년수준의 모든 교사들에게 숙지된다면(특히 다양한 교과 교사들이 통합적인 요소를 자신들의 교육과정에 끼워 넣고자 한다면), 그때 많은 바람직한 결과들(상호관계, 영향, 전체성, 적합성, 의미있음 등)이 실현될 수 있다.

이러한 형태의 통합은 교실 밖 활동을 통해 매우 효과적으로 이루어질 수 있다. 예컨대, 역사 박물관 방문은 미술, 언어, 사회과학의 상호관계를 보는 탁월하고 의미있는 장이 될 것이다. 과학 박물관이나 동물원을 방문하는 것은 미술, 과학, 사회과학을 관련짓는 좋은 장이 될 수 있다. 학생들의 관심을 불러일으킬 수 있는 교실 안이나 교실 밖 활동은 어떤 개념이나 테마(전쟁, 사랑, 자연, 관계, 격노, 신, 신앙, 평온,

홍분, 희망, 애국심, 공간 등과 같은 테마)를 채택한 후, 그것이 문학(산문이나 시), 음악, 예술(그림, 조각, 도자기 제조술), 정치, 역사, 과학, 지역사회에서 어떻게 나타나는가를 이해하는 것이다. 바로 이러한 방식이 효과적으로 언어, 인문학, 과학, 사회과학을 통합시킬 수 있다. 이러한 일을 행하는데 필요한 모든 것은 약간의 비전, 그것을 수행하고자 하는 진지함, 그리고 그것을 수행하기 위한 팀워크이다. 이러한 일은 자동적으로, 혹은 우연히 일어나지는 않을 것이다. 그것은 교육과정 면에서뿐만 아니라 방법론 면에서도 계획될 필요가 있다. 그 결과, 학생들이 수행한 과제는 질적인 면에서 차이를 보일 것이고, 또 태도 면에서도 보다 긍정적이고, 역동적이며, 적합한 어떤 것을 행하려는 방향으로 태도의 변화를 보여줄 것이다.

5 전인교육과 사회과학

사회과학의 본질은 그 교과를 만드는데 도움을 주는 광범위한 활동과 경험을 포괄할 수 있다는 것이다. 전인교육은 사회과학 교수-학습의 주요 목표를 진지하게 고려하고 결정하며, 목표실현을 보장하는 방법과 수단들을 고안해 낸다. 이와 관련된 주요개념들은 상호작용(interaction)과 참여(involvement)이다. 상호작용과 참여를 이끌어 내기 위해서는 세 가지 요소들, 즉 사고를 불러일으키는 활동, 다양한 활동에의 적극적인 참여, 민주적인 생활의 실제 경험이 필요하다.

이러한 목적을 위해 몇 가지 제언을 해보자. 이것들은 완전한 것이 아니라, 단지 전인교육 틀 안에서 사회과학이 갖추어야 할 범위를 설명하는 표본으로서 의미가 있다.

a. 지역사회 센터, 기관, 협회를 방문하기

이것은 지역사회의 상이한 부분들이 맡고 있는 일에 관해서 눈뜨게 될 놀라운 경험이 될 수 있다. 여기에는 경찰서, 소방서, 시청, 노인정, 휴양센터, 장애자들을 위한 기관들과 학교, 여행 안내소, 정보센터 등이 포함될 것이다.

b. 책과 소설을 읽거나 전쟁 관련 영화나 연극을 보기

여기에는 『서부전선이상 없다』(*All Quiet on the Western Front*), 『세 명의 군인들』(*Three Soldiers*), 『미스 사이공』(*Miss Saigon*), 『지옥의 전선』(*To Hell and Back*), 『귀향』(*Welcome Home*) 등을 포함할 수 있다.

c. 기념일의 의미를 이해하기

여기에는 독립기념일, 추수감사절, 마틴 루터 킹의 생일, 대통령 취임일, 성 패트릭의 날, 종교상의 축제일, 전몰자 추도 기념일, 어머니의 날, 국군의 날, 국기제정 기념일, 아버지의 날, 노동절 등이 포함될 수 있다.

d. 펜팔하기

여기에는 습관, 전통, 문화적인 요소, 음식, 스포츠, 교육, 경제제도와 정치제도, 의상, 산업, 기후 등에 관해 국제적으로 정보를 교환하는 것이 포함될 수 있다.

e. 소수민족(ethnic minorities)을 특별기사로 다루기

여기에는 원주민의 음식소개와 소수민족의 문학번역뿐만 아니라 원주민의 의상, 유물, 음악을 발표하는 교실 내 활동, 학교활동, 지역사회 활동이 포함될 수 있다.

f. 교실에 외국인 방문객을 초대하기

외국인(학생들, 관광객들, 사업가, 교육자, 외교관 등)의 이러한 방문으로, 특히 그들이 정치적 · 사회적 · 종교적 · 경제적인 논쟁점을 포함한다면, 수업이 매우 흥미롭고, 촉진적이 될 수 있다.

g. 교실에 공무원 초대하기

이것은 지역사회의 한 부분을 교실로 가져오는 것이다. 학생들은 그들이 살고 있는 시(市)의 메커니즘에 대해서 개인적인 질문을 할 기회를 갖는다. 수도 안이나 수도 근교에 학교가 있다면, 지방정부라든가 연방정부의 고위인사도 가끔씩 방문하도록 할 수 있다.

이밖에 이와 유사한 활동들이 사회과 코스의 기본적인 지식들을 보충하고 강화시켜 주는데, 그것들은 다음과 같다.

- 학생들이 그들 주변의 사회적 · 문화적 · 정치적인 생활의 상이한 측면들에 참여하도록 해준다.
- 학생들이 다른 민족들과 문화들을 이해하도록 도와준다.
- 학생들이 그들의 선입관과 편견을 극복하도록 도와준다.
- 상호관계와 우정을 발달시키도록 도와준다.
- 지역사회에서의 삶을 보다 역동적이고 적합하도록 만든다.
- 관용과 동정심을 함양하도록 도와준다.
- 학생들이 민주주의 사회에서 보다 책임있는 역할을 취하도록 도와준다.

08
전인교육과 생명과학 · 물상과학

1 생명과학과 물상과학이란 무엇인가?

생명과학(life science)은 생명있는 것 혹은 살아 있는 유기체와 모든 생물에 관한 체계적인 학문이다. 생명과학은 크게 동물에 관한 것과 식물에 관한 것 두 분야로 나뉜다. 동물의 생활과 식물의 생활에 대한 특정 분야를 다루는 생명과학에는 해부학(인간과 동물의 몸을 다룬다), 생리학(살아있는 몸이 어떻게 기능하는 지를 다룬다), 생물학(살아있는 유기체를 다룬다), 동물학(모든 종류의 동물을 다룬다), 식물학(모든 종류의 식물을 다룬다)이 포함된다.

물상과학[4](physical science)은 물질의 형태로 존재하는 물질적

4) physical science를 보통 자연과학이라고 한다. 그러나, 자연과학에 해당하는 용

존재의 생명적 요소와 비생명적 요소에 관한 체계적인 학문이다. 물상과학은 화학(생물이나 무생물을 구성하는 모든 물질을 다룬다), 물리학(운동, 빛, 열 같은 자연상태에 존재하는 모든 물질과 힘을 다룬다), **지질학**(지구에서 발견되는 토양, 바위, 지층 같은 요소를 다룬다), 천문학(천체와 천체운동에 관한 것을 다룬다), **기상학**(기상조건과 날씨를 다룬다)을 포함한다.

또한 물상과학의 두 개 이상 영역을 통합하는 **천체물리학**(천체의 물리적 특성을 다룬다), **지구물리학**(지구의 상이한 부분의 움직임을 다룬다) 등이 있다. 이외에도 생명과학과 물상과학을 통합하는 어떤 과학이 있을 수 있다. 예를 들어 **생화학**(살아있는 유기체의 화학을 다룬다) 같은 분야가 있다.

또한, 사회과학과 생명과학·물상과학을 통합하는 분야가 있다는 것은 흥미로운 일이다. **생태학**(인간, 동물, 식물 간의 상호관계, 그리고 그들과 환경과의 관계를 다룬다), **자연인류학**(인간의 본성, 인류, 인간과 여타 동물들 간의 본성 및 형태비교를 다룬다), **지정학**(국가의 위치 및 인구가 정치에 미치는 영향을 다룬다) 등이 여기에 해당한다.

2 과학 교수-학습의 주요 목표

일련의 목표를 계획해 놓는 것과 이들 목표가 교과 내용 및 방법에 영향을 미치게 하는 것은 별개의 일이다. 전인교육은 모든 사람이 동의한 목표가 세부 내용과 방법적인 절차를 결정하는 데 중요한 지침이 될

어로는 natural science가 따로 있으며, 이 책에서 physical science는 생명과학(life science)과 대조적으로 사용되고 있다. 따라서 생소하지만 '물상과학'이라는 말로 번역하였다.

뿐만 아니라 결정적인 요인이 되게 한다. 이러한 견해는 다음과 같은 과학 교수-학습의 주요 목표와 상통한다.

a. 학생들은 과학적으로 사고하는 기능을 발달시킨다

이것을 말하기는 쉽다. 그러나 이것은 단번에 되는 일이 아니라, 시간과 노력을 요하는 사고과정이다. 과학적 사고는 다양한 활동과 하위 기능을 포함한다. 그 중 중요한 것은 다음과 같다.

- 한번에 하나의 문제에 집중하는 것을 학습한다.
- 부적합하고 관련성 없는 요인과 변인을 제거하는 것을 학습한다.
- 유용하고 적절한 정보를 수집하고, 부적합한 자료는 버리는 것을 학습한다.
- 정해진 범주 안에서 수집된 정보를 분류하는 것을 학습한다.
- 정보를 분석하는 것을 학습한다.
- 가능한 해결책을 추측하고, 생각해내며, 가정해보는 것을 학습한다.
- 가능한 해결책을 예상되는 결과 순서대로 정리하는 것을 학습한다.
- 한번에 하나의 해결책을 시도하고 실험하는 것을 학습한다(시행착오의 경험).
- 결과를 검증하는 것을 학습한다.
- 일반화를 통해 결론을 도출하는 것을 학습한다.
- 자료와 결론을 편집, 수정, 재검토하는 것을 학습한다.
- 결과를 적용하는 것을 학습한다.

b. 학생들은 객관적으로 사고하는 것을 학습한다

위의 단계를 학습한 결과로 학생들은 자료와 해결책을 다루는 데 있어서 객관적인 성향을 발달시킬 수 있다.

c. 학생들은 자기 자신을 생물적 환경과 무생물적 환경에 적응시킨다

환경을 이해하고 그것이 어떻게 기능하는지를 이해하는 것은 환경을

통제하고 보존하기 위한 중요한 단계이다.

d. 학생들은 환경과 상호작용한다

학생들이 주변 환경 내의 생물적 요소나 무생물적 요소를 이해하면서 그것들과 상호작용하는 것은 중요하다.

e. 학생들은 그들을 둘러싼 자연세계와의 친화력을 발달시킨다

개인과 자연세계의 특정 측면 간에 직접적이고 의미 있는 관계를 갖는다는 것은 중요하다.

f. 학생들은 다양한 과학이 어떻게 서로 통합되는지 알게 된다

이러한 통합은 접근방법(과학적 방법)에만 국한되지 않고, 과학의 내용 자체에도 해당된다. 즉, 과학과 과학 간에 어떻게 서로 관련되고, 상호 영향을 주며, 어떤 법칙이나 조건이 유사한 방식으로 영향을 주는지를 알게 된다.

g. 학생들은 과학적 지식과 여러 지식을 통합시키는 것을 학습한다

이것은 교육과정 통합이라는 전반적인 목표의 일부분이다.

h. 학생들은 과학과 전체 교육과정을 지역사회에서의 삶과 통합시키는 것을 학습한다

i. 학생들은 자연에 대한 긍정적인 태도를 발달시킬 뿐만 아니라, 자연을 감상할 줄 알게 된다

j. 학생들은 자연환경을 사랑하고 돌볼 줄 알게 된다

이와 같은 열 가지 목표를 검토해보면, 처음 세 가지(a~c)는 지적인 기능의 발달을 돕는다. 다음 다섯 가지(d~h)는 적합한 통합적 · 상호작용적 기능을 발달시킨다. 마지막 두 가지(i, j)는 학생의 정의적인 특성을 다루고, 자연환경과 우리를 둘러싼 세계에 대한 건전한 감정을

발달시키도록 돕는다. 이상의 목표들을 함께 합치면, 이 목표들은 과학에 대한 전인교육 접근에서 통합된 전체를 구성한다. 이 때, 과학은 깊이가 더욱 깊어지고 범위가 더욱 넓어지며, 우리의 일상생활에 계속해서 점점 더 많은 영향을 미칠 것이다.

3 생명과학과 물상과학의 통합

생명과학과 물상과학이 통합적인 방식으로 교수-학습되어야 하는 몇 가지 이유가 있는데, 중요한 몇 가지를 살펴보면 다음과 같다.

a. 생명과학과 물상과학은 모두 자연 세계를 다룬다

이들은 모두 같은 분야에 속한다. 생명과학과 물상과학을 계속해서 양분한다면, 둘 간의 중요한 관계를 놓치게 될 것이다.

b. 과학적 방법은 생명과학과 물상과학에 모두 해당된다

생명과학과 물상과학은 모두 본질적으로 같은 방법으로 접근되고 연구된다.

c. 생명과학 내에는 심오한 관계가 있다

이것은 생명과학이 모두 살아있는 유기체를 다룰 뿐만 아니라, 이들 유기체들은 서로 공통적인 것이 많고, 외부 요인에 의해 똑같은 방식으로 영향을 받기 때문이다.

d. 물상과학 내에는 심오한 관계가 있다

물질과 운동을 지배하는 법칙이 실제로 모든 물상과학 분야에 스며들어 있다.

e. 생명과학과 물상과학 간에는 역동적 관계가 있다

모든 살아있는 유기체는 화학적 구조를 갖는다. 실제로 물리적 자연

내의 모든 요소들(산소, 질소, 운동, 중력, 전기, 지리, 기상 등)은 살아있는 유기체에 깊은 영향을 미친다. 그 역도 마찬가지로, 살아있는 모든 유기체는 물리적 환경에 큰 영향을 미친다.

f. 만일 생명과학과 물상과학을 공부하는 데 통합적인 접근을 사용하면, 학습된 많은 개념(범주, 관계, 순서, 체계 등)을 보다 역동적이고 효과적으로 볼 수 있다

교육학자들은 효과적인 학습방법으로 문제해결의 중요성을 역설한다. 문제해결을 실제로 실현하기 위해서는 효과적인 자료(교과서와 매뉴얼 등)와 효과적인 수업방법이 똑같이 잘 조화되어야 한다. 기계, 자동차, 항공, 기계설비, 전기, 오염, 질병, 중독, 응급처치기법, 수중생활, 스포츠, 다이어트, 건강 등의 문제를 해결하는 데 있어서 학생들이 동시에 여러 과학으로부터 도움을 받게 한다면, 얼마나 성공적이겠는가!

4 과학과 다른 학문들과의 통합

그 무엇도 삶을 전체적으로 조망하지 못한다. 대개 사람들은 자기 나름대로의 전망과 관계 안에서 사물을 바라본다. 여기에서 주어진 예들은 단지 생명과학과 물상과학이 삶과 교육에 대한 보다 건전한 접근을 위해서 뿐만 아니라 모든 학문 분야에서 보다 나은 수행을 위해, 얼마나 쉽게 다른 학문 분야와 통합될 수 있는가를 보여주고자 하는 것이다.

a. 과학과 언어

분명히 과학적인 주제에 관한 모든 논의는 서면 표현과 구두 표현 모두를 요구한다. 그러나 이것이 핵심이 아니라, 다음의 것들이 중요하다.

· 언어 코스에서 요구된 기준이 과학 코스에서 말이나 글로 표현된 것과 얼마나 관련되는가?

· 과학 교과에 대한 엄밀하고, 공정하며, 객관적이고, 정확한 접근법이 학생들의 글쓰기 스타일에 얼마나 영향을 주는가?
· 과학적인 테마가 언어과목 시간에 얼마나 창의적으로 다루어질 수 있는가?
· 과학시간에 습득한 용어가 학생들의 어휘력을 늘이는 데 얼마나 활발하게 사용될 수 있는가?
· 노트필기, 요약하기, 바꿔 쓰기, 보고서 쓰기, 조사하기 등의 기법이 과학시간에 얼마나 효과적으로 사용될 수 있는가?

b. 과학과 사회과학

실제로 지진, 홍수, 태풍 같은 자연재해를 다루는 데 있어서 지리학, 생태학, 경제학, 사회적 행동, 급수, 의료시설, 주택제공, 수송, 교육, 정치 등을 포함하는 통합적 접근이 문제를 쉽게 이해하고 해결하는 데 도움이 되지 않는가? 또 다른 예로 기술에 대한 철저한 지식이 경제문제, 전쟁의 결과, 생활 수준을 이해하는데 기여하지 않는가?

c. 과학과 예술

만일 예술작품(회화, 조각, 도예 등)을 만들 때 과학(화학, 야금술, 물리학 등)을 활용할 수 있으면, 학생의 삶이 보다 재미있고 도전할만한 것이 되지 않겠는가? 반대로, 만일 미술이나 공예시간에 배운 것들이 과학 보고서 쓰기나 과학실험, 과학전시에 사용되면 중요한 미적 요소가 과학에 더해지지 않겠는가?

d. 과학과 체육

이것은 상호 작용이 필수적인 매우 실제적 영역이다. 스포츠나 체육에 관심 있는 사람이면 누구나 식이요법, 생리학, 약물투약 등에 관한 것을 학습하는 데 꽤 흥미있어 한다.

과학들은 서로서로 관계를 맺고 있는데, 그것들은 또한 매우 실제적이고 의미 있는 방식으로 다른 학문 분야와 관계하기도 한다. 학생들이 하는 공부가 적합하고, 흥미있고, 재미있으며, 실제적인 것이 되도록 하기 위해서는, 다양한 학문 분야 간의 중요한 관계가 교육과정 내용과 교육방법 속에 분명하게 나타나도록 함께 노력해야 한다. 이것을 성공적으로 해내는 교사는 한 학문 분야의 전문가이며, 다른 분야에도 부차적인 관심을 갖는 사람이다.

이것을 할 수 있는 한 가지 실제적인 방법은 학급에서 컴퓨터로 만든 프로그램을 쓰는 것이다. 이것들 중에 몇 가지는 과학에 대한 간학문적 접근과 삶에 대한 간학문적 접근을 들 수 있다. 이러한 프로그램을 경험하면서 학생들은 더욱더 교과에 참여하게 되고, 실제로 컴퓨터를 작동하면서 다양한 관계와 결과를 알게 되며, 과학을 자기 삶의 경험 중에서 중요한 부분으로 인식하게 된다.

과학을 기초로 한 간학문적 접근의 또 다른 예는 자동차 같은 테마를 가지고 다음과 같은 관점에서 다루는 것이다.

- 엔진(기계, 전기, 에너지, 운동, 무게 등을 다룬다)
- 디자인과 실내장식(디자인, 형체, 색깔, 예술, 구조, 페인트 등을 다룬다)
- 구입과 재정(비용, 경제학, 은행, 대부, 이자, 보험 등을 다룬다)
- 교통규칙과 규정(시민의 책임, 예의범절 등을 다룬다)
- 운송(서비스, 카풀, 자동차 이외의 다른 수단, 오염 등을 다룬다)

만일 과학 시간의 초점이 물리학 분야의 역학이라면, 자동차라는 테마를 가지고 학생에게 적합하고, 유익하며, 그리고 흥미진진하게 가르칠 수 있을 것이다. 그러나 이것은 교육입안자, 교과서 집필자, 교사들의 공동의 노력을 필요로 한다.

5 전인교육과 생명과학·물상과학

전인교육은 교육을 각 학생들의 생활에 적합한 것으로 만든다. 만일 우리가 "교육은 생활이다"라는 격언에 실제적인 의미를 부여한다면, 우리는 교육에서 교과가 생활상황과 조건으로부터 나오고, 반대로 즉각적으로 생활상황과 조건으로 되돌아가 그것과 관련되게 해야 한다. 학교 교과가 실생활로부터 나오지도 않고, 실생활과 의미 있게 관련되지도 못하는 상황이 바로 오늘날의 교육에서 생긴 적합성의 간극 정도를 말해준다.

위에서 예로 든 자동차라는 테마는 지역사회로 확대·적용될 수 있다. 만일 지역산업(자동차, 기계, 부품, 직물, 농업 등)이 있다면, 학교와 지역사회는 학생들을 그 분야의 공장에 방문하게 함으로써 생기는 이익을 공유할 수 있다. 물론, 이때 방문은 단순히 놀러 가는 것이 아니다. 학생들은 그 공장에서 하는 일을 충분히 이해하고, 다음과 같은 일련의 문제들을 검토하는 데 참여해야 한다. 즉, 주요 생산품의 재료 출처는 어디이고, 어떤 과정(수송, 구입, 수입, 관세, 비용, 재정 등)을 거쳐 만들어지는가?, 세부적인 생산과정(조립라인, 기계, 기계 작동, 재료, 부품, 디자인, 최종 생산품, 포장 등), 경제적 고려(소비, 수출, 판매, 수요, 공급, 고용 등), 산업발달사와 그 발달 전망 등은 어떠한가? 이러한 접근법은 상호 모두에게 큰 이익을 준다. 학생들 편에서 보면, 이것은 기본적으로 물리, 화학, 경제학, 역사, 인간관계 같은 학문적인 교과가 어떻게 지역사회에 기능적으로 작용하는가를 이해하는 문제이다. 또, 그런 경험을 해보는 것 자체가 다양한 미래의 직업이나 전문적 기술 분야에 관한 관심을 환기시켜준다. 회사 편에서 보면, 지역사회가 회사의 일을 알아주고 도덕적으로 지원해주는 것은 매우 유익한 일이다. 또, 학생들에게는 현재나 미래의 시간제 또는 종일제 고용의 실제적인 기회가 될 수 있다.

위의 예들은 지역사회가 학교에서 학문적으로 구성된 내용들을 확대하고 강화하며, 통합시킬 수 있다는 무한한 가능성을 보여준다(Yager, 1993 참조).

마지막으로 강조할 점은 교사들이 가르치는 데 있어서 배려라는 정의적 요소를 첨가해야 한다는 것이다. 교사가 자신의 학생에게 배려라는 정의적 요소를 발달시키는 것 역시 중요하다. 다양한 과학을 공부하면서, 학생들이 자연을 사랑하고 자연의 다양한 측면(동물, 새, 식물, 산, 강, 일몰, 달빛, 자연법 등)을 사랑한다면, 학생들은 그것들에 대해 보다 많이 학습할 것이고, 자연을 돌보고 보존하려는 욕망을 발달시키고 싶어 할 것이다. 그것이 공부를 더하고 싶게 만드는 가장 커다란 동기요인이 될 수 있다. 그리고, 이것이 학문적 지식과 생활상황 및 조건을 통합시키는 것에 관여하는 적합성 요소와 짝을 이룰 때, 학습은 가장 좋은 상태에서 이루어지게 되고, 성취도는 최고로 높아질 것이다.

09
전인교육과 수학

1 들어가며

우리는 수학으로부터 벗어날 수 없다. 어떤 인생행로를 택하든 간에 우리는 수학을 필요로 한다. 중국을 비롯한 여타 극동 문명들은 5000년 전에 이러한 사실을 깨달았고, 계산을 돕기 위해 주판을 고안해 냈다. 나아가 그리스 철학자들은 2000년 전에 수학이 정신(mind)을 훈련시키는데 유익하다고 하였다. 수와 도형을 다루는 것이 정신을 단련시킨다는 것은 진실이다. 그러나 이처럼 정신을 단련시키는 것이 그 자체로 목적은 아니다. 수학은 많은 일상적인 문제들을 해결하는데 도움을 줄 수 있는 실제적인 전이가(transfer value)가 있다. 정확하고 정밀하게 사고하고, 꼼꼼하고 논리적으로 사고하며, 정신을 각 단계마다 질서정연하게 움직임으로써 문제를 해결하는 것, 이런 것이 수학을 공부함으로써 얻게 되는 실제적인 혜택이다.

그것을 어느 누구도 부정하지는 않지만, 우리가 시급히 해결해야 할 문제는 수학공부가 고등학교 목적을 위해 어떻게 꾸려져야 하는가에 관한 것이다. 이것은 적절한 해결책이 없이 질질 끌어왔던 문제이다. 고등학교 과정의 수학 수업은 세분화된 몇 개 전문 영역으로 나누어서 가르치는 지극히 전통적인 방식을 고수해 왔다. 따라서 수학 공부는 생활과 관련성이 거의 없는, 정말로 '학문적인 것'이었다.

바로 이러한 점에 조치를 취할 필요가 있다. 이것은 단순히 교수 방법과 기법을 새롭게 하는 문제가 아니라, 수학 코스의 내용을 재설계하고, 적절한 방법론을 적용하는 문제이다. 교사와 학생 모두에게 더 나은 질과 더 높은 성취기준을 목적으로 해야 할 것이다. 교과서 집필자 역시 수학 코스의 내용을 다시 생각하고 다시 설계해야 할 것이다. 교육과정 설계자는 그것을 요구해야 한다.

2 수학 교수-학습의 주요 목표

수학 코스의 특정 부분을 왜 배우냐고 매우 진지하게 질문하는 학생들이 있다. 여하튼 다양한 수학 코스의 기본적인 목적들이 처음부터 학생들에게 명료하게 제시된 것은 아니었다. 심지어 어떤 교사들조차 수학 코스에 몰두한 나머지 고등학교에서 수학을 가르치는 기본적인 이유를 종종 놓쳐 버리곤 한다. 수학 교수-학습의 주요 목표는 다음과 같다.

a. 학생들은 수와 양의 세계에 친숙해지고 편안해진다

우리는 실생활에서 수와 양을 계속해서 다룰 수밖에 없다. 우리의 일상적인 경험 중에 선분이 차지하는 비중은 매우 크다. 이러한 선분에 불편함을 느끼고 선분을 다루는데 좌절감을 느끼는 사람들은 자기 자신이 매우 불리한 입장에 처해 있음을 깨닫게 된다. 수와 양에 불편함을 느끼는 대다수의 사람들은 수와 양의 문제를 제2의 본성으로 만드는데 필수적인 기능을 발달시키기도 전에, 계산기와 같은 기술적인 보조기구에 의존하는 사람들이다.

b. 학생들은 논리적으로 사고하는 것을 학습한다

흔히들 상식이 매우 일반적이지 않다고 말한다. 불행하게도, 논리적인 사고는 훨씬 더 일반적이지 않다고 말할 수 있다. 논리적으로 사고하는 것을 학습한다는 것은 연습과 시간이 필요한 발달과정이다. 수학에서 논리적인 사고는 수, 양, 형태, 순서, 처리과정에 적용되며, 이것은 다양한 유형의 생활상황에 커다란 전이가를 갖는다.

c. 학생들은 관계를 보는 것을 학습한다

이것은 비율뿐만 아니라 비교와 대조를 포함한다. 사물을 전체적인 관점에서 본다는 것은 유사점, 차이점, 상대적 가치를 보는 것으로서 수학의 다양한 분야에 의해 크게 증진된다.

d. 학생들은 개념과 정보체계를 양화하는 것을 학습한다

이것은 생산적인 능력일 뿐만 아니라 수용적인 능력이다. 수를 이해하고, 어떤 생각이나 정보에 대한 표상을 수로 나타낼 수 있는 것이 오늘날의 세계에서는 기본적인 기능이다.

e. 학생들은 문제를 해결하는 것을 학습한다

위에서 언급한 a~d까지의 목표들을 결합함으로써, 문제에 포함된 요소들을 양화할 수 있다면 학생들은 수학을 통해 문제해결을 시도할 수 있다. 이러한 기능의 전이가는 실생활 상황에서 사실상 무한하다.

f. 학생들은 계산하고, 추정하고, 지적인 추측을 하는 기능을 발달시킨다

위에서 언급한 목표들을 결합하면, 학생들은 수학을 공부함으로써 크게 증진되는 전후관계와 결과들을 현명하게 추측할 뿐만 아니라 암산과 추정을 할 수 있게 된다. 따라서 너무 일찍 계산기를 사용하게 되면 이러한 추측과 계산을 할 수 있는 정신적 능력의 발달이 억제된다.

g. 학생들은 장차 수학자나 수학 관련 분야의 전문가가 되고 싶은 마음이 생길 수 있다

이것은 물론 모든 분야에 해당되긴 하지만, 두 가지 이유 때문에 여기서 의도적으로 언급하고자 한다. 하나는 수학을 공부하는 것이 미래의 수학자, 물리학자, 천문학자, 컴퓨터 기술자, 엔지니어 등의 재능을 발견하는데 매우 유익하다는 것이고, 또 하나는 이런 재능을 발견하지 못하는 대다수의 학생들도 이러한 수학분야를 공부하는 것으로 끝내서는 안 되며, 그들 또한 생활에 큰 전이가를 갖는 과정을 충분히 해낼 수 있을 만큼 동기부여가 필요한 사람임을 깨닫는 것이 중요하다. 많은 수학 교사들은 교실에 있는 모든 학생들이 엔지니어나 수학자가 되기에 충분하리 만큼 자동적으로 동기부여 된다고 잘못 가정함으로써, 기본적인 목표에 도달하지 못한다.

이상에서 언급한 다양한 요점과 목표를 설명하기 위해 많은 예들을 제시해 보도록 하자.

3 수학공부의 통합

어떤 독자들에게는 내가 말하려고 하는 이야기가 극단적인 이야기처럼 들릴지도 모른다. 하지만 다른 독자들에게는 그것이 전형적인 현상이 될 수 있다. 그리 오래된 일은 아닌데, 나는 9, 10, 11 학년의 대수

학 수업시간을 참관한 적이 있었다. 내 앞에 있는 학생은 단지 몸만 앉아 있을 뿐이었다. 그 아이는 수업시간에 진행되고 있는 것에 귀를 기울이지 않았고, 전혀 수업에 참여하고 있지 않았다. 그 아이는 수업시간 내내 딴 책을 읽느라고 정신이 없었다. 내가 그 아이에 대해 교사에게 물었을 때, 교사는 "아, 그 학생이요! 그 학생은 세 번이나 그 코스를 듣고 있습니다"라고 말했다. 지금처럼 행동한다면 그 학생이 또 그 과정을 실패할 것이라고 내가 말했을 때, 교사는 "글쎄요, 그 코스를 세 번 실패한 학생들은 여름학기에 그것을 또 듣지요. 그리고 모든 학생들이 여름학기에 패스 한답니다"라고 대답했다.

그와 같은 경우에 우리가 목적으로 삼고 있는 기준은 어떤 종류의 학교 기준, 군의 기준, 주나 국가의 기준이란 말인가? 대수학이 이 소년의 삶에 아무런 영향을 미치지 않았다는 것을 쉽게 알 수 있다. 그 아이에게 대수학은 완전히 부적합한 것이었다. 그 아이의 마음속에는 아마도 "대수학? 이차방정식? 미지수? 분자와 분모? 이런 것들을 왜 배워야 하나?" 등의 생각이 스쳐지나 갈 것이다. 비극은 거기서 끝나지 않는다. 교사는 3년 동안 무엇을 하였는가? 이 점에서 학교의 진정한 철학은 무엇이며, 학교는 무엇을 하고 있었나? 그 학생이 위에서 언급한 기본목표를 어느 정도 달성했는지에 대해서는 하나도 관심이 없어 보였지만, 그럼에도 불구하고, 모든 사람은 이 학생이 여름학기에 합격점수를 받고 나가길 기다리고 있는 것처럼 보였다.

대수학 자체가 그 학생에게 특별한 관심을 불러일으키지 못했다는 것은 놀랄 일이 아니다. 놀랍고 애석한 일은 교사나 학교가 대다수의 학생들(수학 관련 영역에서 전공자가 되고 싶어하지 않는 학생들)에게 대수학과 수학의 다른 분야들(산술, 기하학, 미적분)이 그들의 일상적인 삶과 어떻게 관련되는지를 보여주려고 하지 않는다는 것이다.

이것 자체가 기본적인 문제를 제기하게 된다. 즉 어떤 근거로 대수학과 같은 코스가 고등학교의 필수과목으로 조직되었는가? 이 문제를 해결하기 위해서는 아마도 두 개의 수학 코스가 모든 학생들에게 요구되어져야 할 것이다. 첫 번째 수학 코스는 아마도 "생활수학"(Life Mathematics)과 같은 것으로 불려져야 할 것이고, 다음의 요소들을 포함해야 할 것이다.

· 분개(journal entries)와 원장(ledger), 차변과 대변(debits and credits), 손익계산서(단지 산술적인 계산을 포함하는)가 있는 부기의 기본
· 표본, 사례 수, 비율, 평균, 중앙치, 표준편차, 표, 그래프를 다루는 기본 통계
· 형태, 각, 선, 어떤 공리와 가정, 몇 가지 기본적인 정리, 디자인을 다루는 평면 기하학의 기본
· 기본적인 문제 해결 경험(비율, 시간, 거리를 다루는 것과 같은)을 다루는 대수학의 기본
· 문제를 해결하기 위해서 위의 것들을 다양하게 활용하는 논리 연습

이상과 같은 방법을 사용하게 되면, 수학의 적합성은 학생들의 실제적인 면에서 매우 분명하게 드러날 것이다. 이것은 학생들의 삶 속에 수학적 기초를 제공할 것이다. 모든 사람들은 일상생활에서 가장 초보적인 과제를 다룰 때 이러한 기초를 필요로 한다. 학교에서의 교육은 일상적인 계산과 경험을 다루는데 필요한 기능에 대해서 정교한 학문적인 틀을 제공하게 될 것이다. 수학에서 학생들로 하여금 이러한 학문적인 틀에 접하게 하는 것이 그 자체로 어떤 학생들에게는 보다 심층적인 코스를 추구하도록 동기부여 할 수 있다.

두 번째 요구조건(이것은 제한된 수의 학생들이 선택할 것이다) 즉, '일반수학 코스'는 보다 심층적인 공부를 하게 되며, 수학 관련 영역에서 미래의 전문가가 되기 위한 발판이 될 수 있다. 고등학교 수준에서,

이러한 두 번째 코스도 적어도 어느 정도는 생활경험과 관련되어야 할 것이다.

4 수학과 다른 학문들의 통합

교사들이 의미 있는 방법으로 교과들을 관련짓기 위해 공동의 노력을 들인다면 통합이 이루어질 수 있다. 과학은 수학과 필수적인 관계에 있다. 천문학, 물리학, 화학, 역학, 심지어 생리학과 생물학조차 수학을 하나의 부속물로서 다루면서 수학과 관계를 맺고 있으며, 수학을 배움으로써 더 잘 이해될 수 있다. 그러나 이것이 전부는 아니다. 사회과학, 특히 경제학과 사회학 공부는 수학적인 기능에 의해 크게 증진될 수 있다. 따라서 문제의 핵심은 '교육과정 설계자, 교과서 집필자, 그리고 교사들이 다양한 분야의 지식을 공부하는데 있어 의미 있고 통합적인 접근을 하기 위해 협력하고 있는가?' 라는 것이다.

물리교사가 수학시간에 배운 요소들을 활용한다면, 인구통계학적인 요소를 다루는 사회과학 교사가 수업시간에 표와 도표와 그래프를 활용한다면, 은행, 돈, 예산, 수요와 공급을 다루는 경제교사가 개념과 거래를 명료화하기 위해 수학적인 계산을 쓴다면, 수학교사가(생활수학 코스에서) 수학시간에 더 잘 풀거나 분석하고, 이해할 수 있는 요소와 문제들을 다른 학문으로부터 끌어올 수 있다면, 이 때 비로소 전체적인 방식으로 학문과 학문 간을 넘나드는 역동적인 학문적 교류가 있을 것이다. 이것이 삶의 모습이다. 이것이 교육이 되어야 할 모습이다. 이것이 전인 교육의 모습이다.

다음은 수학에 대한 통합적이고, 간학문적인 접근의 본질을 설명하기 위해 몇 가지 예를 제시한다.

a. 과학과의 통합

수학과 과학의 통합은 매우 자연스럽다. 약간의 계획과 노력을 들이면, 많은 학생들은 이 방법에 흥미를 가질 수 있다.

· 교통과 여행의 다양한 수단(비행기, 기차, 배, 차)은 상이한 유형의 과학적인 지식(기관차, 엔진, 부력, 중력, 전기 등)과 많은 의미있는 수학적인 계산(파운드를 킬로그램으로 바꾸고, 달러를 다른 통화로 환전하며, 섭씨 온도를 화씨 온도로 바꾸고, 마일을 킬로미터로 바꾸기), 구체적인 중력, 화물의 부피 측정 등을 제공할 수 있다.
· 이와 유사하게, 천문학과 기하학의 어떤 측면은 수학적이고 통계적인 계산이 상당 부분 요구된다.
· 물리학의 다양한 요소들(도르래, 낙하하는 물체, 액체에서의 무게 감소, 온도, 거리, 무게, 비행에서 로켓의 곡선)에 대한 공부는 수학적인 계산이 필수적일 것이다.

b. 사회과학과의 통합

학생들에게 매우 현실적이고 의미 있는 방식으로 사회과학을 생동감있도록 만들기 위해서, 계획과 조정을 통해 수학을 사회과학의 다양한 측면에 활용할 수 있다.

· 경제학을 공부하는데 있어, 학생들은 공급과 수요, 가격, 이익률, 세금, 수익, 관세, 손익 계산서, 환율 등을 다루기 위해 통계, 그래프, 표, 많은 수학적·산술적 계산과 측정을 활용할 수 있다.
· 사회학(이것은 인구통계학적인 특징, 통계치와 그래프를 포함한다)을 공부하는데 있어, 학생들은 출생률과 사망률, 이민 수와 이민의 연간 할당 수, 연령집단, 고용, 복지 등을 더 잘 이해하는 데 필요한 계산들을 활용할 수 있다.

c. 다른 교과들과의 통합

과학과 사회과학이 수학에 도움이 되는 것은 당연하지만, 다른 교과들 역시 수학에 의해 강화될 수 있다.

- 보건과 체육 시간은 다이어트, 칼로리, 무게, 질병, 트랙경기와 필드경기 등을 다루는 다양한 계산을 활용함으로써 실생활 경험이 될 수 있다.
- 미술과 음악 시간은 음의 고저, 빈도, 톤, 색, 디자인을 다룰 때 수학을 활용할 수 있고, 그것들을 흥미로운 경험으로 바꿀 수 있다.

통합은 매우 특별한 것을 의미한다. 대부분의 과학시간에는 수학적인 것이 들어 있다. 사회, 보건, 체육, 미술, 음악시간에 수학적인 것을 첨가할 수 있지만 이것이 핵심은 아니다. 통합은 단지 상이한 교과들을 혼합하는 문제가 아니다. 통합은 그 이상의 것을 뜻한다. 통합은 교과서 집필자, 교육과정 설계자, 교육 행정가, 교사들이 학생들에게 현실적이고 다면적인 상황을 경험하게 해주기 위해서 공동으로 노력한 결과, 상이한 학문들을 의미 있는 실생활 방식에서 서로 활용할 수 있다는 것을 뜻한다.

5 논리, 통찰력, 창의성의 발달

논리, 통찰력, 창의성을 가르치는 것은 특정 교과의 전유물이 아니다. 창의성이 오로지 미술에 관련된 것이 아닌 것처럼, 논리 역시 수학에만 관련된 것은 아니다. 모든 교과가 논리를 가르칠 수 있고, 통찰력을 발달시키는 데 도움을 줄 수 있으며, 창의성을 함양하는 데 기여할 수 있다. 그러나 어떤 교과는 특정 목표를 달성하는 데 더 많은 도움과 기여를 할 수 있다.

이러한 점에서, 수학을 가르치는 주요 목표 중의 하나가 수학문제를 풀기 위한 논리의 발달뿐만 아니라 다른 삶의 영역으로의 전이가를 위한 논리의 발달이라고 말하는 것이 더 낫겠다. 아울러 논리가 통찰력 및 창의성과 관련이 있다는 것을 덧붙여 말할 수 있다. 사실상, 이들 세 가지 모두는 서로를 강화시켜 준다. 이러한 목적을 위해서, 논리, 통찰력, 창의성 이 세 가지 요소들이 수학시간에 어떻게 함양되고 발달될 수 있는 지를 몇 가지 예시해 보고자 한다(이들은 주로 질문의 형식으로 표현된다).

· 여러분은 손에 파란 구슬과 빨간 구슬을 가지고 있습니다. 보지 않고, 그 구슬들을 바닥에 굴려 봅시다. 파란 구슬이 처음에 나올 가능성은 얼마입니까?(답: 두 가지 중 하나)
· 여러분은 파란 구슬, 빨간 구슬 이외에 녹색 구슬도 있습니다. 이제 여러분이 바닥에 그 구슬들을 굴린다고 할 때, 파란 구슬이 처음에 나올 가능성은 얼마입니까?(세 가지 중 하나)
· 여러분이 또 다시 바닥에 파란구슬, 빨간구슬, 녹색구슬, 이 세 가지 구슬을 굴릴 때, 파란구슬, 빨간구슬, 녹색구슬의 순서로 구슬이 나올 가능성은 얼마입니까?(답: 여섯 가지 중 하나. 여섯 가지 중 하나일 이유와 방법을 살펴보기 위해서 모든 가능성들을 다음과 같이 학생들에게 도표로 나타내도록 하는 것이 유익할 것이다.

파란구슬	파란구슬	빨간구슬	빨간구슬	녹색구슬	녹색구슬
빨간구슬	녹색구슬	녹색구슬	파란구슬	파란구슬	빨간구슬
녹색구슬	빨간구슬	파란구슬	녹색구슬	빨간구슬	파란구슬

이런 식으로 실제로 해본다.)

· 여러분은 투명한 유리로 된 접시에 두 가지 색으로 된 젤리 샐러드를 내놓고 싶습니다. 여러분이 노란색의 레몬 젤리, 녹색의 라임 젤리, 빨간색의 체리 젤리를 갖고 접시에 차릴 때마다 윗부분과 아

랫부분의 색을 다양하게 할 수 있습니다. 여러분이 할 수 있는 다양한 조합은 몇입니까?(답: 6)

(윗부분)

라임(녹색) 레몬(노랑색) 라임(녹색) 체리(빨강색) 레몬(노랑색) 체리(빨강색)

(아랫부분)

레몬(노랑색) 라임(녹색) 체리(빨강색) 라임(녹색) 체리(빨강색) 레몬(노랑색)

(이것은 우리가 실제로 적용해볼 수 있다.)

· 여러분 자신을 포함해 6명이 저녁식사를 하려고 합니다. 여러분은 직사각형의 식탁 둘레에 있는 6개의 의자에 그들이 편한 자리에 앉도록 했습니다. 가장 나이든 사람이 그 식탁의 상석에 앉게 될 가능성은 얼마입니까?(답: 여섯 가지 중 하나)

· 위의 똑같은 6명을 놓고, 그들이 편한 곳에 앉기를 요청한다면, 가장 나이든 사람이 식탁의 상석에 앉고, 나머지 다른 사람들이 그의 오른쪽부터 나이순으로(나이가 많은 순에서 어린 순으로) 식탁에 앉을 가능성은 얼마입니까?(답: 720가지 중 하나. 이러한 수치에 도달하기 위해서는 가장 나이가 든 사람이 상석에 앉을 가능성은 6가지 중 하나이고, 그 다음으로 나이가 든 사람이 그의 오른쪽에 앉을 가능성은 다섯 가지 중 하나이며, 그 다음 나이가 든 사람이 앉을 가능성은 네 가지 중 하나이고…. $6 \times 5 \times 4 \times 3 \times 2 = 720$.)

· 나무와 땅 위에 몇 마리의 새가 있습니다. 나무 위에 있는 한 마리의 새가 땅 위에 있는 새에게로 날아간다면, 나무 위에 있는 새의 수와 땅 위에 있는 새의 수는 같아질 것입니다. 만일 땅 위에 있는 새 한 마리가 나무 위에 있는 새들에게로 날아간다면, 나무 위의 새들은 땅 위에 있는 새의 2배가 될 것이다. 지금 나무 위에 있는 새와 땅 위에 있는 새는 몇 마리입니까? (답: 나무 위에 있는 새는

7마리이고, 땅 위에 있는 새는 5마리이다. 왜냐하면 그 숫자가 작아야 한다는 것을 우리가 논리적으로 가정하기 때문에, 몇 번의 시행착오로 알 수 있게 된다. 나의 아버지가 처음으로 나에게 이런 수수께끼를 냈을 때, 나는 고등학교 학생이었다. 나는 즉시 종이를 갖고 와서 대수학으로 그 문제를 풀었다.

나무 위에 있는 새=x

땅 위에 있는 새=y

$x-1=y+1$; $x-y=2$; $x=y+2$

$x+1=2(y-1)$; $x+1=2y-2$; $x-2y=-3$

두 번째 방정식에서 x를 대입하면

$y+2-2y=-3$; $-y=-5$; $y=5$

땅 위에 있는 새=5

나무 위에 있는 새=$y+2=7$

이것이 내가 대수학으로부터 얻은 첫 번째의 실제적인 이득이었다!)

이러한 문제를 푸는 데는 다음과 같은 논리적인 사고의 발달이 포함된다는 것을 인지해라. 즉,

· 양쪽 새의 무리에서 새의 숫자의 차이가 2라는 깨달음, 왜냐하면 한 무리에게 한 마리의 새를 추가하면, 그 무리는 수가 같아질 것이기 때문이다.

· 그 수가 작아야 한다는 깨달음, 왜냐하면 나무 위에 있는 새들에게 한 마리의 새를 추가하는 것은 땅 위에 있는 새들의 2배가 될 것이기 때문이다.

· 그 수가 홀수이어야 한다는 깨달음, 왜냐하면 한 무리에게 한 마리의 새를 추가하는 것은 다른 무리의 새의 수에 2배가 될 것이기 때문이다.

다음의 문제에서 빈칸을 채우시오.

a. 1, 3, 5, 7, ____(답: 9; 2씩 더하기)

b. 2, 5, 8, 11, _____(답: 14; 3씩 더하기)

c. 3, 9, 27, 91, _____(답: 243; 3씩 곱하기)

d. 1, 2, 4, 8, ______(답: 16; 8의 2배)

e. 1, 4, 9, 16, ______(답: 25; 1, 2, 3, 4, 5의 제곱)

f. 1, 8, 27, 64, ______(답: 125; 1, 2, 3, 4, 5의 세제곱)

위의 문제들은 비교적 쉽다. 학생들의 지평을 넓히고 그들의 창의성을 발달시키기 위해서 다음과 같은 문제를 제시할 수 있다.

a. 1904, … 1992, ______(답, 1996= 윤년.)

b. 4, 1, 1, 5, ______(답:3 = 1993년에 처음 5달의 첫 번째 월요일)-(학생들이 이 답을 짐작하지 못할지라도, 이러한 가능성을 그들에게 제공하는 것이 그들의 정신 속에 거대한 상상력의 전망을 열게 해 줄 것이다.)

· 동일한 아이디어가 여러 가지 형태와 기하학적인 도형에 적용될 수 있다.

· 게임은 논리, 통찰력, 창의성을 발달시키는 매력적이고 마음을 사로잡는 수단이다. 생명 있는 것/생명이 없는 것, 동물/광물(mineral)에 대한 사회적 게임은 정신을 무한히 예리하게 할 수 있다. 모노폴리(Monopoly)와 쿨루도(Cluedo) 같은 게임들이 이런 점에서 잘 활용될 수 있다.

6 전인교육과 수학

수학을 피할 수는 없다. 수학은 우리의 삶의 일부분이다. 수학이 우리

경험의 필수적인 부분으로서 학교에서 다양한 분야들과 함께 다루어진다면, 학생들은 수학의 적합성을 보게 될 것이고, 수학을 좋아하게 될 것이다. 그러나 수학이 현실생활과 유리되고, 수학이라고 칭해지는 모든 것이 순전히 학문적이기만 할 때 학생들은 수학을 멀리하게 되고, 수학을 싫어하게 된다. 전인교육은 학생들이 생존의 수단으로써 뿐만 아니라, 더 중요하게는 더 나은 삶의 질을 위한 수단으로써, 또한 직업적·전문적 진로와 흥미를 자극하는 수단으로써 다양한 수준과 다양한 영역에서 수학을 다루고, 활용하고, 경험할 기회—즉 실생활의 기회—를 제공해 준다.

이러한 목적을 위해 전인교육은, 이전에 지적했던 바와 같이, 다른 학문뿐만 아니라 지역사회, 그리고 지역사회 안에 있는 다양한 회사들과 수학의 다양한 면들을 통합시키기를 추구한다. 다음의 제안들은 부분적으로는 수학 학습의 학문적인 측면을 증가시키고, 부분적으로는 학생들이 그들의 일상적인 삶에서 수학의 가치와 유용성을 경험하도록 하기 위해, 지역사회에서 활용할 수 있는 거의 무제한적인 풍부한 자원을 예증해 준다.

- 은행과 환전소의 방문은 잊을 수 없는 경험이 될 것이다. 특히, 학생들에게 약간의 관심을 보여줄 수 있는 사람이자, 실제 거래를 보여주고 이러한 제도가 어떻게 운영되는지에 대한 직접적인 지식을 제공해 줄 수 있는 사람을 거기서 만나게 된다면, 더욱 그럴 것이다.
- 여행사와 여행 안내소(혹은 항공회사)의 방문은 여행비용(그리고 할인), 성수기와 비성수기의 차이, 단체 요금, 거리, 투어 패키지와 단체 패키지, 수하물 중량제한, 예약, 호텔 숙소 등에 대해 눈을 뜨게 할 것이다.
- 회계소와 세무서 방문은 철학과 절차들이 설명될 수 있는 필수적인 경험이다.
- 공장 방문은 학생들이 생산기술과 조립공정을 공부하고, 일하고 있

는 고용인을 관찰하며, 급료와 수당에 대해 듣고, 완제품이 나오는 데 드는 원가와 노동을 인식하게 될 때, 학생들에게 경이로움을 줄 것이다.

· 농장 방문은 학생들에게 농부와 시골생활에 대해 가져야 할 존경심을 발달시킬 뿐만 아니라 한 국가의 경제생활에 농장이 어떻게 기여하는지를 이해하게 할 것이다. 이것은 학생들로 하여금 예산, 생산, 농장 및 그 농장의 상품과 관련된 마케팅을 포함하는 어떤 전형적인 활동을 겪게 함으로써 매우 의미있는 경험이 될 수 있다.

교사가 학생들의 개별적인 흥미나 집단적인 흥미를 기초로 학생들에게 과제와 프로젝트를 내줌으로써, 이 과제를 하면서 얻게되는 학생의 경험이 수학시간에 배운 공부와 통합될 수 있다면(어떤 회사의 특정한 예산을 준비하고, 실제 사업이나 가상적인 사업의 납세 신고를 하고, 제한된 개별적인 예산을 기초로 단체여행에 포함되는 모든 비용을 계산하며, 일정한 분개장 기입을 기초로 하여 손익 계산서를 계산하는 것 등), 수학의 다양한 측면들이 학생들에게 실제적인 의미를 가져다 줄 수 있다.

설계를 하는 건축 사무실을 방문하게 되면, 이와 같은 아이디어가 기하학에도 적용될 수 있다. 천문 관측소나 우주 정거장을 방문하게 되면, 동일한 아이디어가 대수학과 미적분에도 적용될 수 있다. 그 아이디어는 매우 분명하다. 즉, 삶의 통합적인 부분으로서 수학은 학생들에게 매우 현실적이고 적합하며 필수적인 지식과 기능으로 보여져야 한다는 것이다.

10
전인교육과 자유교과

1 자유교과에서 '자유'의 의미

창의성을 가르치는 것이 특정 교과의 전유물이 아니라고 앞에서 언급한 바 있다. 같은 식으로 말해서, 어떤 교과도 학교 목표 중 '자유로운' 요소를 독점할 수 없다. 그런데, 왜 자유교과에 '자유'라는 말을 붙여서 말하는가? 다시 말해서 자유교과에서 '자유'가 의미하는 것이 무엇인가?

문학, 철학, 순수미술, 그래픽 미술, 사상사, 음악 등이 포함되는 자유교과는 마음을 '자유롭게 하는'(liberating) 효과를 갖는다고 가정된다. 자유롭게 하는 효과는 주로 두 가지 방식으로 이루어진다.

a. 교과 내용의 범위가 아주 넓다.

이것은 학생의 사고의 지평을 넓게 해주고, 상상력과 창의성을 발달시켜 준다.

b. 사용되는 방법이 매우 다양한 방식으로 자유로운 표현을 가능하게 한다.

여러 가지 관념과 관념이 대립되는 것을 허용하고, 그렇게 함으로써 자유롭게 의사를 교환할 수 있게 한다. 이러한 방법은 정형화되지 않고, 편협하지 않으며, 틀에 박히지 않는다.

내용과 방법이라는 두 요소가 결합될 때, 교육의 과정이 학생들을 자유롭게 할뿐만 아니라, 고무시키는 효과를 갖는다. 여기에서 중요한 것은 결합이다. 사람들 중에는 내용만으로 자유롭게 하는 효과가 자동적으로 생긴다고 생각하는 경우가 있다. 그러나 그것은 그렇지 않다. 예컨대, 편협한 마음을 가진 사람이나 독단적이고 융통성 없는 사람에 의해 가르쳐진 철학교과는 오히려 반대효과를 가져올 수 있다. 아마 급진주의자나 세뇌 당한 맹목적인 추종자를 길러낼 수도 있다.

실제 경험에 비추어 보면, 관련 있는 내용과 방법이라는 두 요소 중, 자유롭게 하는 영향력을 행사하는 것은 내용보다는 오히려 방법 쪽이다. 개인의 의견이나 견해를 말할 여지가 거의 없는 매우 기술적인 교과에서조차, 교사가 사용하는 방법은 학생들이 단순히 따라하고 반복하는 예술 코스에서보다 코스를 "보다 더 자유롭게" 만들어줄 수 있는 사상, 표현, 그리고 응용의 통찰력을 열어줄 수 있다. 바로 이것이 우리가 본 장의 서두에서 이야기한 대로 자유교과가 자유롭게 하는 효과를 갖는 것이라고 가정한 이유이다.

다음 절에서 자유롭게 하는 효과에 관한 세부사항들을 살펴볼 것이다.

2 자유교과 교수-학습의 주요 목표

여기에서 분명하게 해두어야 할 것이 있다. 그것은 다양한 코스나 학문 분야의 주요 교수 목표가 서로 배타적이지 않다는 것이다. 모든 목표나 대부분의 목표는 교육과정에 두루 영향을 줄 수 있다. 전인교육은 그 의도상 목표가 통합적인 방식으로 교육과정에 두루 영향을 주는 체제를 찬성한다. 그러나 이것은 목표가 특정 분야나 관련된 몇 영역에만 집중되는 것을 배제하는 것은 아니다. 이런 관점에서 볼 때, 자유교과는 다음과 같은 주요 목표를 갖는다고 할 수 있다.

(기본적인 인지적 목표)

a. 학생들의 논리적·분석적 사고를 발달시킨다

다양한 사회적 · 정치적 · 경제적 · 철학적 · 과학적 이슈와 여타의 이슈들에 관해 토의함으로써, 학생들은 이러한 주제들을 조직적이고 분석적으로 접근하는 것을 학습할 것이다.

b. 학생들의 확산적 사고를 발달시킨다

이슈를 다양한 관점에서 봄으로써, 학생들이 이슈를 확산적이고 비권위적인 사고방식을 통해 접근할 수 있도록 권장한다. 그러나 한편으로는 기본적인 가치가 개입되고 수렴적이고 권위적인 관점이 요구될 때에는, 그러한 관점을 주입할 여지를 포함한다.

c. 학생들이 사실과 의견을 구분할 줄 아는 능력을 발달시키도록 한다

가장 낙담하게 하는 일 중의 하나는 학생들이 고집스럽게 사실과 의견을 혼동하는 것이다.

d. 학생들이 세계와 세계 문제에 대한 지식을 발달시키도록 한다

학생들은 자기 자신과 세계 문제가 서로 어떻게 영향을 주고받는지 알게 될 것이다.

e. 학생들은 자신들의 기본적인 신념, 가치와 씨름하게 될 것이다

다양한 분야의 중요한 문제와 부차적인 문제를 토의하고, 내성의 과정을 통하여 이런 이슈와 상호작용함으로써, 학생들은 자신의 위치를 근본적인 신념과 가치체계의 관점에서 이해하게 될 것이다.

f. 학생들은 자신의 가능한 직업적 관심과 취미적 관심에 대한 보다 정확한 그림을 그릴 수 있게 될 것이다

이것은 특히 자유교과 분야가 수학, 생명과학, 물상과학, 사회과학 같은 학문적 분야와 적절하게 통합될 때에 가능하다.

(기 본 적 인 행 동 적 목 표)

g. 학생들은 생각을 분명하게 하고, 그것을 말과 글로 명료하게 나타낼 수 있도록 학습할 것이다

계속해서 생각과 입장을 교환하는 것은 학생들의 언어사용을 단련시키고, 언어를 진정으로 소통적이고 효과적으로 만드는 데 도움을 준다.

h. 학생들은 사회역학에서의 기능을 발달시킬 것이다

또래와 연장자(선생님, 부모님, 지역사회의 어른들)와의 담화 속에서, 그들과 관계를 맺는 것을 학습하는 것은 학생의 사회적 기능과 사회역학을 단련시키고, 학생들을 보다 유능한 시민으로 만들어 줄 것이다.

i. 학생들은 유연성과 적응력을 발달시킬 것이다

이것은 단순히 순응하게 하려는 것이 아니고, 특히 상반되는 입장의

사람들에 대해 조정하고 적응할 수 있는 능력으로 해석되어야 한다.

j. 학생들은 지적·사회적 성숙과 균형을 발달시킬 것이다

신・구 사상과 관념이 제시하는 지적 도전과 그것에 관한 입장을 그룹에서 표명하는 과정은 개인적・사회적 균형뿐만 아니라, 사회적 성숙도 증진시킨다.

k. 학생들은 그들의 기능을 쓸모 있도록 발달시킨다

이슈에 대해서 하나의 입장을 취하고 다른 사람들과 의미 있게 관계하면서, 지역사회와 상호작용할 수 있는 기회를 갖는다는 것은 분명히 어딘가에 쓸모 있게 쓰일 욕구, 필요, 능력을 발달시킬 수 있다.

(기본적인 정의적 목표)

l. 학생들은 관용을 발달시킬 것이다

이것은 다른 사람들의 생각과 행동 모두에 해당되는 것이다.

m. 학생들은 감상할 줄 아는 감각을 발달시킬 것이다

이것은 예술작품, 음악작품, 문학작품, 자연, 발견물, 새로운 것, 사람들, 문화, 신념, 관념 등을 감상할 줄 아는 것을 뜻한다.

n. 학생들은 배려와 감정이입을 발달시킬 것이다

인간적인 감정이 빠진 교육이 실제로 무슨 가치가 있겠는가?

o. 학생들은 감수성을 발달시킬 것이다

이것은 다른 사람의 요구와 감정을 민감하게 느끼는 것을 뜻한다.

p. 학생들은 상상력과 취향을 발달시킬 것이다

창의력과 상상력을 고양시키는 것은 자유교과의 가장 큰 공헌 중의 하나이다. 더욱이 학생들은 자기 고유의 스타일을 발달시킬 것이다. 자

기 고유의 스타일이란 단지 유행을 따르는 것이 아니라, 진정한 의미에서 멋있고 풍류가 있는 것을 말한다.

이와 같이 전인교육은 다면적인 교육을 강조한다. 우리가 교육을 적합한 것으로 만드는 데 진지하게 걱정한다면, 위에서 언급한 목표의 발달이 단지 자유교과에 국한되는 것은 아니지만, 그러한 목표를 받아들여야 한다. 자유교과 코스에서 이러한 목표(특히 행동적 목표와 정의적 목표)가 단지 말로만 그치는 것은 비극이다. 예산삭감으로 음악, 미술, 드라마 같은 코스가 제외되는 것 역시 비극이다. 이때 학생에게 남게 되는 것은 무엇인가? 교육의 전체적 의미가 시험에 합격하는 것에만 국한되는가? 행동적 목표와 정의적 목표가 부분적으로라도 무시될 때, 교육제도의 부적합성은 당연한 것이다. 그러한 제도는 젊은이들로 하여금 삶을 보다 의미 있게 살게 하고, 시민으로서 또 책임감 있고 창의적인 사회성원으로서 의미 있는 기여를 할 수 있게 하는 보다 우수한 질의 교육을 저버리게 된다.

3 자유교과와 다른 학문들과의 통합

자유교과의 교수-학습 목표가 너무나 중요해서 그것을 무시할 수 없다는 것은 분명하다. 어쨌든 그러한 목표들의 상당한 정도가 학생들에 의해 도달될 필요가 있다. 이제까지 여러 번 언급한 대로, 교육과정 안에서 하나의 목표나 몇 가지 목표가 특정 교과의 전유물은 아니다. 따라서, 미술이나 음악 교과(어느 경우에는 드라마나 체육)의 시간 수를 줄여야 하는 경우나 완전히 없애야 할 경우조차도, 위에서 언급한 주요 목표들이 적어도 어느 정도는 교육과정의 다른 분야에서라도 도달될 수 있도록 하는 것이 중요하다.

이전 장들에서 어떤 학문이 다른 학문과 어떻게 통합될 수 있는가를 살펴보았다. 즉 언어, 사회과학, 수학, 생명과학, 물상과학 분야에 관해 살펴보았다. 반복을 피하기 위해, 본 장에서는 같은 방법으로 통합을 다루지는 않을 것이다. 대신 여기서는 많은 실제적인 이점을 갖는 중요한 관점을 제시할 것이다.

자유교과 내용 요소가 다른 학문과 어떻게 섞일 수 있느냐 하는 것이 핵심은 아니다. 진지하게 고려해야 할 점은 교육과정 상의 다른 분야를 어떻게 자유롭게 하느냐(liberalize)는 것이다. 여기서 목표는 교육이 고등학교 학생들의 삶에 진정으로 적합한 것이 되도록 학교와 지역사회에서 실제로 겪게 될 만한 경험과 자유교과가 통합되는 방식으로 중등학교 전체 교육과정을 훌륭하게 짜는 것이다.

자 이제 한 발 더 나아가 보자. 교육과정 상의 다양한 내용 요소를 서로 의미 있는 방식으로 통합시킴으로써, 우리는 실제로 교육과정을 자유롭게 하는 것을 돕고 있는 것이다. 학생들이 기존의 주요 학문 분야에 두루 존재하는 중요한 관계를 알 수 있도록 하는 학문적인 기회를 갖는 것만은 아니다. 그들은 학문적인 프로그램 속의 특정 주제와 모든 주제를 자유롭고 책임 있게 표현하기 위해 다양한 수단(언어적, 미술적, 음악적, 체육적, 과학적)을 찾을 수 있을 것이다. 그러한 접근을 수학, 생명과학, 물상과학, 사회과학 같은 교과를 교수하는 데 사용하는 것은 자유교과의 목표달성을 고양시키는 것뿐만 아니라, 그러한 교과를 보다 재미있고 적합한 것으로 만들도록 돕는다.

4 전인교육과 자유교과

전인교육은 고등학교 교육과정을 본질적으로 자유교육 과정으로 간주하고, 직업적인 기회를 부차적인 것으로 본다. 이것을 정교화 할 필요가 있다. 두 갈래의 고등학교 교육과정은 다음과 같은 것을 확실하게 해야 한다.

a. 앞에서 논의한 다양한 학문 분야에서 인용된 주요 목표의 도달
b. 잠재적인 직업적 분야나 준직업적 관심의 발달, 그리고 학생들에게 더 나은 자기존중감을 주고, 그들이 배우는 학문적인 프로그램이 실제 삶의 상황과 얼마나 관련있는지를 알 수 있게 하는 지역사회에서의 직접적인 경험 길러주기(이 부분은 12장에서 보다 상세히 논의됨)

요컨대, 교육과정을 자유롭게 하는 것은 생각이나 말로만 그쳐서는 안 된다. 그렇게 해서는 자유교과의 교수-학습 목표를 실천할 수 없다. 따라서 그것은 교육과정의 다양한 부분들을 통합하여 제공하는 방식으로 근본적인 변화에 기초하여 진지하고 엄격하게 계획될 필요가 있다.

11
전인교육과 학교행정

1 들어가며

이 장을 구체적으로 진술하기 전에 본 장에서 다루지 않는 것을 처음부터 언급하는 것이 좋겠다. 우리가 교육행정에 관한 논문에서 흔히 발견할 수 있을 것으로 생각되는 주제들, 즉 조직도, 책무성, 전통적인 교장의 역할, 장학수업, 다양한 유형의 회의 개최, 다양한 보고서 준비, 지역사회와 관계 맺기, 학교예산 세우기, 홍보활동, 장기 계획 세우기, 스케줄 잡기, 민주주의에서 실천되는 교육행정의 원리들과 같은 주제들은 충분히 다루어졌다.

물론 위의 주제들이 중요하지 않다는 것은 아니다. 그것들은 매우 중요하다. 그러나 본 장은 전인교육 접근을 성공시키는데 필요한 선행조건으로서 교육행정의 측면들을 살펴보고자 한다. 하지만 본 장에서 제시하는 권장사항들은 조정이나 수정을 허용하지 않는 절대적인 처방이 아니다. 오히려 이것들은 새로운 경향이나 철학에 부합하는 제언으로서 의미가 있다는 것을 이해해야 할 것이다.

2 기본적인 요구와 목표: 학습관리

수십 년 동안 교육행정(학교나 대학에서)을 관리적 접근(management point of view)에서 이해하려는 경향이 있었다. 이런 점에서 기업관리의 방식들이 교육행정에 대거 투입되었다. 주로 인사관리, 예산관리, 정보체계 관리, 장기계획 관리, 어느 정도 양화할 수 있는 여타 영역들의 관리를 강조하는데 초점이 맞춰졌다. 심지어는 평가, 측정, 성적 분포조차 관리적인 측면에서 양적인 용어로, 즉 그래프, 백분율, 백분위점수, 평균, 평점, 표준편차, 등급으로 다루어졌다. 이런 모든 내용들이 학교행정 조직에서 그 자리를 차지하고 있지만, 그것들은 교육의 가장 기본적인 요구와 교육행정의 가장 기본적인 목표인 '효과적인 학습관리'(the effective management of learning)를 충족시키지 못하고 있다. 따라서 효과적인 학습관리를 위해, 전인교육 접근에서 교육행정에 속하는 적합한 요소들을 정교하게 다룰 것이다(Bonstingl, 1992 참조).

3 교육행정의 적합한 원리

여기서는 4가지 원리만을 간략히 다룰 것이다.

a. 교육행정의 민주주의적 특성

교육행정이 그 특성상 민주주의적인 원리에 따라 운영된다는 것은 중요하다. 그러나 이것이 실제에 있어서는 무엇을 뜻하는가? 그것은 분명히 학교조직에서 “다수결 원리”를 지지함으로써 리더쉽을 포기하라는 의미가 아니다. 그동안 학교와 대학을 운영하는데 참여적 관리(participatory management)의 중요성이 강조되어 왔다. 그런데 이 개념은 대부분 매우 잘못 이해되고, 해석되고, 적용되어 왔다. 따라서 우리는 기본적인 개념들에 대해서 매우 신중한 균형을 유지할 필요가 있다. 교육행정의 민주주의적 특성은 교사와 교직원들에게 특정 형태의 참여적 관리를 요구한다. 반면에 책무성(accountability)은 행정가들에게 매우 막중한 책임을 요구하기도 한다. 그러므로 책임의 역할을 떠맡고 아이디어를 받아들이게 하는 것과, 교사와 교직원의 적극적인 참여(그들의 책임과 상대적인 책무성에 비례하여)를 허용하는 것 사이에 균형을 유지하는 것은 매우 중요하다.

b. 수업교원(instructional staff)을 지원하기

학습관리가 보다 큰 효과성을 얻기 위해서 전인교육은 교장, 교감, 전문교육가가 행하는 학교행정이 수업교원에게 단순히 일반적인 시설물(사무실, 비품, 책, 교구 등)을 제공해 주고, 일반적인 요구사항(단원계획과 수업계획, 출석부, 성적표, 회의, 학부모와의 면담, 보고하기 등)을 요청함으로써 지원하는 것 이상의 활동을 할 것을 필요로 한다. 여기에서 요구되는 서비스는 교사들이 전인교육의 과정과 기법에서 효율성을 가질 수 있도록 그들을 지도하고, 안내하며, 장학하고, 교육하며, 재교육하고, 재조직하는 것을 포함한다.

c. 피터의 법칙(Peter Principle)[5)]을 제거하기

실제로 모든 교육조직(학교, 위원회, 구, 군 등)에서 피터의 법칙이 두드러지게 적용되는 이유는 무엇일까?(Peter and Hull, 1969) 이것은 빈번하게 실패, 진부함, 불행, 부정, 비도덕화의 주요 원인이 된다. 전인교육은 학생들이 새로운 교과를 학습하고 새로운 경험을 겪는데 자신들의 재능, 흥미, 강점을 이용할 것을 강조한다. 학생들은 자신이 매우 흥미 있어 하는 영역을 추구할 수 있고, 자신의 잠재력을 실현하는 것을 돕는 여러 가지 시도에 직접 참여할 수 있다면, 그들의 교과활동과 학교교육이 보다 적합하다고 생각할 것이다. 전인교육은 모든 사람이 일할 때 무능력하고 비효율적이지 않도록 교사, 교직원, 행정가들에게 동일한 원리와 실천을 적용하고자 한다. 모든 사람으로 하여금 자신이 가장 잘 하고 가장 효과적으로 할 수 있는 것을 하도록 하라. 이것은 단기적·장기적인 안목에서 볼 때, 공정성, 행복감, 생산성을 크게 보장할 것이다.

d. 홍보활동과 지역사회

행정시간의 상당 부분은 당연히 홍보활동을 장려하고 지역사회와 효과적인 관계를 발달시키는데 할애되어야 할 것이다. 학교가 지역사회에

5) 역자 주-피터의 법칙에 따르면 승진할 계급이 충분히 있는 계층사회에서 그 구성원 각자는 언젠가는 무능한 수준으로 승진이 멈추게 되는 경향이 있다고 한다. 그 이유는 다음과 같다. 현 직위에서 유능한 사람은 승진하게 되고, 또 그 자리에서 유능하다고 인정되면 또다시 승진하게 되는데, 이러한 연쇄적인 승진의 과정을 계속해서 거치게 되면 최후의 승진은 현재 맡은 업무를 해낼 수 없는 직위에까지 이르러 어쩔 수 없이 유능한 수준에서 무능한 수준으로의 승진이 될 수밖에 없다는 것이다. 이와 같은 이치로 계층사회의 모든 지위는 그 지위에 따르는 책임을 다하지 못하는 자, 즉 무능한 자로 채워지는 경향이 있으며, 그렇다고 해서 신분보장규정 때문에 쫓아내 버릴 수도 없는 무능한 자들로 가득 차 있다는 것이다. 이런 이치를 피터의 법칙이라 부른다(Peter and Hull, 1994: 20-86 참조).

요구하는 것은 도덕적 · 재정적인 지원만이 아니다. 그것을 훨씬 넘어선다. 전인교육을 성공적으로 수행하는 데 중요한 것은 지역사회와 그 지역사회의 다양한 부문들이 학생들에게 적합한 현장경험을 증진하도록 능동적이고, 적극적이며, 생산적인 참여를 하는 것이다(이러한 현장경험에 대한 보다 상세한 내용은 12장에 나온다).

4 방문객들이 보는 전반적인 학교풍토

학교분위기나 전반적인 풍토가 학교 간에 얼마나 큰 차이를 만들어 내는가! 방문객들이 학교건물에 들어서면, 그들은 따뜻하고 쾌적한 분위기를 느낄 수 있다. 물론 방문객들로 하여금 그것을 느끼게끔 하는 것은 어느 정도는 직감(sixth sense)이라고 하겠다. 그러나 일반적으로 건전한 학교풍토를 만드는데 기여하는 몇 가지 크고 작은 신호와 현상들이 있다. 방문객들에게 첫인상을 심어주고, 종종 그러한 인상을 오래 간직하게 하는 것은 대개 작은 현상들이다. 학교 구성원들이 이러한 요소들을 의식할 수 있도록 몇 가지 긍정적인 요소들을 제시해보면 다음과 같다.

- 깨끗한 운동장과 깔끔하게 표시된 주차장
- 얼룩하나 없는 복도
- 교무실을 가리키는 깨끗하고 분명한 표지판
- 복도에 예술적으로 전시되어 있는 그림, 격언, 게시판, 벽화
- 복도에서 걷고 있는, 특히 학생들이나 교사들의 단정하고 질서 정연한 행동들
- 교무실의 깨끗한 외관
- 교직원의 따뜻한 환영인사와 환한 미소
- 질문에 대답하고, 요구에 응하고, 사무를 재빠르게 처리하는 교직

원의 효율성과 효과성

· 학부모와 지역사회 성원이 질문하고, 요구하며, 봉사활동을 하기 위한 학교 방문

· 연감, 팜플렛, 요람, 그리고 홍보활동의 도구로서 도움이 되는 학교의 다른 간행물들의 이용가능성

방문객들은 또한 전시회, 연극공연, 오픈 하우스, 사교적인 파티, 교사-학부모 모임(P.T.A.: Parent Teacher Association), 졸업식 행사 등과 같은 다양한 학교 행사에 참여함으로써 학교풍토를 직접 눈으로 보고 느낄 기회를 갖는다.

이러한 현상들이 방문객들에게 학교의 발전양상, 다정함, 따뜻함, 기준, 효과성과 효율성, 전반적인 분위기를 알려준다.

다음의 절들 역시 교장과 여타 행정직원이 학교와 지역사회에서 다른 사람들과 맺는 관계 속에서 형성되는 전반적인 학교풍토를 다룬다.

5 교장의 관계

내가 지도하고 있는 교생실습생 중의 한 명을 관찰하고자 어느 고등학교를 처음 방문하였을 때, 나는 더러운 복도, 깨끗하지 않은 교실, 대다수 학생들이 보여주는 제멋대로의 행동, 열의 없이 꾸물대며 교실로 들어가는 학생들을 보고 충격을 받았다. 내가 본 상황에 대해 의견을 말했을 때, 나는 협력교사로부터 "교장은 그런 문제에 신경을 쓰지 않아요"라는 대답을 들었다. 효과적인 교수, 효과적인 학습, 바람직한 개인적·사회적인 행동에 도움이 되는 학교 분위기를 만들기 위한 첫 번째 요구조건은 배려하는 교장(caring principal)이다. 물론 배려하는 교장만이 그러한 학교 분위기를 만드는 것은 아니지만, 그것이 첫 번째 요구조건이다.

그 다음으로 중요한 본질적인 요구조건은 교장이 교사, 교직원, 학생, 학부모와 맺는 관계이다.

a. 교장이 교사·교직원과 맺는 관계

학교의 철학과 목표가 무엇이든지 간에, 교육작용이 성공하는 열쇠는 교장이 교사·교직원과 건전한 개인적인 관계와 직업적인 관계를 맺는 것이다. 학생들은 교사에 의해 동기를 부여받고, 지도 받으며, 도움을 얻고, 칭찬 받으며, 때에 따라서는 단점을 지적 받는 것도 필요한 것처럼, 교사와 교직원 역시 교장으로부터 이와 같은 것들을 받고 싶어한다. 따라서 이러한 것들은 교장이 결코 회피하지 말아야 할 책임에 속한다.

물론 이것이 새로운 것은 아니지만, 전인교육에서는 교육적인 과정의 성공과 효과성을 보장하기 위해 교장에게 특히 요구된다. 교장과 교사·교직원과의 관계를 규정하는 일반적인 규범 외에, 전인교육은 그들 사이에 다음의 태도와 절차를 강조한다.

(교장과 교사와의 관계)

- 항상 긍정적이며 용기를 북돋아 주어라.
- 교육과정의 통합적인 계획을 지도하라(Cornbleth, 1990 참조).
- 교사 역할 모델의 중요성과 실천을 강조하라(교사들이 학생들에게 행동하도록 요구하는 것이 무엇이든 교사들 자신이 먼저 실천해야 하고, 교사들이 학생들에게 금지하는 것이 무엇이든 그들 자신이 먼저 삼가야 한다).
- 상호 수업참관(exchange class visitations)을 계획하는 것을 도와주어라.
- 모든 면에서(도덕적으로나 그 밖의 것으로나) 교사들을 지원하라.
- 전인교육이 제대로 이루어지도록 혁신적인 제언을 제공하고, 미비

한 점을 고려하라.

- 좋은 학교 풍토를 만들고 좋은 인상을 주는데 도움이 될 만한 적절한 옷을 깔끔하게 입을 것을 강조하라.
- 교사에게, 학교와 지역사회에서 행해야 할 적절한 개인적인 행동기준과 직업적인 행동기준을 강조하라.
- 일반적으로 높은 기준을 설정하고, 이에 부합하는 수행을 기대하라.
- 교사가 자신의 학교를 자랑스러워하도록 만들라.

(교장과 교직원의 관계)

- 시간엄수, 각자의 책임에 대한 지식, 학교에 대한 일반적인 지식, 신속한 문제해결과 같은 효율성을 강조하라.
- 좋은 학교 풍토를 만들고 좋은 인상을 주는데 도움이 될 만한 적절한 옷을 깔끔하게 입을 것을 강조하라.
- 교직원들에게, 학교와 지역사회에서 행해져야 할 적절한 개인적인 행동기준과 직업적인 행동기준을 강조하라.
- 지나치게 잡담을 나누고, 일하는 도중에 껌을 씹거나 사무실에서 밥을 먹는 등 부정적인 인상을 심어 줄 행동을 피할 것을 강조하라.
- 교직원에게 그들이 대하는 모든 사람에게 친절히 대하도록 강조하라.
- 다른 사람과 협력하고, 다른 사람과 조율하는 단체정신을 강조하라.
- 모든 면에서(도덕적으로나 그 밖의 것으로나) 지원해 주라.
- 교직원들의 의견을 수렴하라.(그들은 자주 특정 상황에서 가장 해박한 사람들이기도 하다.)

· 일반적으로 높은 기준을 설정하고 이에 부합하는 수행을 기대하라.
· 모든 교직원들(교감으로부터 관리직원에 이르기까지)이 그들의 학교를 자랑스러워하도록 만들라.

b. 교장과 학생의 관계

학교의 템포, 교풍, 정신, 전반적인 풍토는 상당한 정도로, 교장과 학생의 관계에 의해 야기되고 영향받는다. 그러나 대부분의 교장들은 그들이 아닌 다른 사람들(즉 교사와 상담자)이 학생의 문제를 떠맡는다고 생각하면서, 불행하게도 학생들과 자기 자신을 격리시킨다. 이것은 불행한 일이며, 학생들을 저버리는 일이다. 가장 성공적인 학교는 교장·교감과 학생들 사이에 직접적인 관계를 형성하고 있는 학교들이다. 예컨대 어떤 교장들의 경우 학생들의 이름, 특히 상급반에 있는 학생들의 이름을 아는 것은 흔한 일이다.

이미 언급한 두 가지 중요한 문제, 즉 전인교육의 행정은 주로 학습관리와 관련되어 있다는 것과, 성공적인 행정의 첫 번째 요구조건은 배려하는 교장이라는 것, 이러한 두 가지 문제가 교장과 학생 사이에 직접적인 관계를 요구하게 된다.

학생들은 이러한 도전에 부응하고 기대에 따라서 행동하게 된다. 교장이 자신들에게 마음을 쓰고 있고, 특정한 행동기준(학업적·인격적·사회적)을 기대하고 있다는 것을 알게 될 때, 그들은 이러한 기대에 따라서 행동하게 될 것이다. 불행하게도, 종종 학생들의 능력, 잠재력, 가능성이 과소평가되기도 한다. 재능이 뛰어나든, 보통이든, 학습지체아든 혹은 학습 장애아든지 간에 모든 학생들은 발견되고, 조장되며, 도야되고, 실현될 필요가 있는 거대한 능력을 갖고 있다. 일시적인 관계 및 지속적인 관계에서 보여주는 학생의 복지에 대한 교장의 개인적인 관심은 촉진적인 학습분위기를 만들고, 학생들이 추구하는 목적과 목표들을 성취하게 하는데 큰 효과가 있을 것이다. 이것을 염두에 둔다면, 교장들은 다음의 사항들을 주의해야 할 것이다.

- 학생들이 일주일에 몇 시간은 당신과 면담할 수 있도록 하라.
- 가끔씩 복도를 걸어다니다가 멈춰서 학생들과 이야기를 나누라.
- 성취를 나타낼 때, 축하의 메모를 보내라.
- 학생들의 활동, 즉 전시회, 학예회, 벽화, 수필, 간행물, 대회 등에 관심을 가지라.
- 가능한 한 많은 학생들이 스포츠 시합, 연극공연, 웅변대회, 토론회 등과 같은 행사에 참여하도록 하라.
- 적절한 개인적인 행동기준과 사회적인 행동기준을 강조하라.
- 당신이 설교하고 가르치는 기준에 맞게, 당신 스스로가 모범이 되고 선구자가 되라.
- 학생들이 그들의 최대한의 권리를 받아들이고, 이에 상응하는 정도의 책임을 지도록 하라.
- 학생들의 삶과 조건에 관심을 보여라.
- 학교에 다니는 동안이나 졸업하고 난 다음에도 모든 학생들이 그들의 학교를 자랑스러워하도록 하기 위해서 가능한 모든 것을, 특히 학생들과 함께 하라.

c. **교장과 학부모와의 관계**

배려하는 교장(caring principle), 배려하는 교사(caring teacher), 배려하는 학부모(caring parent)보다 더 나은 화합을 구성하는 것이 있을 수 있을까? 학부모들이 우연찮게 마음을 쓰지 못하거나 바빠서 마음을 쓸 겨를이 없다면, 교장과 교사들이 그것을 메울 수도 있고, 아니면 학부모들로 하여금 보다 참여적이 되도록 할 수 있다. 특히 다음의 사항들이 행정가들에게 도움이 될 것이다.

· 학생들의 삶과 학업에 관련된 모든 문제들에 대해 학부모나 보호자와 면담하라.
· 학교의 행사나 활동에 가능한 한 학부모를 많이 참여시키라.
· 학교의 교육목표, 교육과정, 활동, 요구 등에 대해 학부모들이 알도록 하라.
· 학교의 행사와 활동에 학부모들의 지원을 요청하라.
· 전인교육 활동에 능력 있는 학부모들의 지원을 요청하라.
· 위원회 모임에 재정적이든 직업적이든 모든 면에서 학부모들의 지지를 요청하라.
· 학부모들이 그들의 자녀들과 학교를 자랑스러워하도록 만들라.

12
전인교육과 지역사회

1 들어가며

학교는 사회기관의 하나이다. 보다 성공적인 학교-즉 궁극적으로 학생들에게 보다 포괄적이고도 건전한 교육을 제공하는 학교-란, 학생들이 지역사회 및 사회 전체의 중요한 부분이 되도록 운영하는 학교이다. 불행하게도 많은 경우, 학교는 지역사회로부터 고립되어 있고 절연되어 있다. 이러한 요인 하나만을 보더라도 교육프로그램의 적합성이 얼마나 훼손당하고 있는지를 알 수 있다. 이처럼 프로그램 자체가 지역사회에서 일어나고 있는 일에 별로 영향을 미치지 못할 때, 부적합성은 더욱 커져 위험한 정도까지 이르게 된다.

학교가 사회나 지역사회의 중요한 일부분이 되어 그 역할을 수행하게 될 때, 학교와 사회 간의 관계는 어떤 징후나 현상들을 보이는가? 이에 대해 보다 일반적인 것들을 열거하면 다음과 같다.

· 지역사회가 학교를 도덕적(어느 경우에는 재정적으로도)으로 지원해준다.
· 교사-학부모 모임이 활발하다.
· 부모나 지역사회 성원들의 자원봉사 활동(타이핑, 대리수업, 수업 외 활동 지도하기 등)이 이루어진다.
· 지역사회는 학교의 다양한 활동 즉, 스포츠, 학예회, 전시회, 연극 공연, 오픈하우스, 집회, 회의, 강연, 콘서트, 입학식 등과 같은 각종 행사 때에 학교를 방문한다.
· 학교 행정가, 교사, 그리고 교직원들이 지역사회 활동과 시민의 의무에 참여한다.
· 학교구성원들과 지역사회의 다른 구성원들 및 기관(가게, 쇼핑몰, 병원, 경찰서, 소방서, 공공도서관, 교회, 클럽, 레크리에이션 센터 등) 간에 다정하고 건전한 관계를 형성한다.
· 학생들이 지역사회에서 단정하고 질서 있게 행동을 한다.
· 지역사회는 교육위원회를 책임감있는 교육위원회가 되도록 지원해준다.

지역사회는 양적으로나 질적으로 보다 큰 교육 성과를 위해 활용할 수 있는 굉장한 자원임이 분명하다. 보다 큰 성과는 학생에게 이익이 될 뿐만 아니라, 지역사회의 성원에게도 역시 이익이 되도록 설계될 수 있다. 이 목표를 위해, 많은 세부 사항들이 학생들에게 보다 효과적인 교육프로그램을 제공할 수 있도록 면밀하게 검토되어야 한다. 그러한 프로그램은 적합성의 간극을 메우고 동시에 학생으로 하여금 자아개념과 자기가치를 발달시킬 수 있도록 돕는다(Taylor, Vlastos and Wise, 1989－92 참조).

2 지역사회 활동을 통한 학점 이수

지역사회의 다양한 분야와 기관으로부터의 협력을 받아 11－12학년 각 학생들이 1년에 100시간씩 지역사회 봉사활동 하는 것을 생각해 볼 수 있다. 이것은 학점 이수를 위한 것으로서 전적으로 지역사회 활동만으로 할 수도 있고, 또, 지역사회 활동을 부분적으로 하고(50%), 나머지 부분을 교과영역으로 할 수도 있다(한 분야 50%, 또는 두 분야 각각 25%씩). 이것은 지역사회 활동이 어디에서 이루어지는지, 그 활동이 어떤 교과에서 적합한지, 그리고 수행된 활동의 수준과 질이 어떠한가에 따라서 결정된다. 특별 학점 이수(Extra credit, 적어도 1년에 25～50시간)도 유사하게 적용될 수 있다(Schlechty, 1992).

아래와 같은 봉사활동들은 학생들에게 바람직한 경험을 제공할 수 있다.

a. 병원과 응급실의 일

이런 일은 학생의 해부학, 생리학, 건강관리의 지식을 발달시킨다.

b. 요양원이나 호스피스 일

이런 일은 어려운 노인들을 어떻게 대해야 하는지에 관한 지식과 기능을 발달시킬 뿐만 아니라, 배려의 정의적인 감정을 길러주기도 한다.(과학과에서 학점 이수 가능)

c. 소방서나 비상구급대의 일

이것은 구급차 운전하기에서부터 인공호흡 절차와 응급처치 테크닉을 익히는 일까지 포함한다.(과학과나 사회과에서 학점 이수 가능)

d. 문맹인 돕기

지역사회에 자국어를 모르는 문맹인이 있다면, 그것을 개선하기 위해 할 일이 많이 있을 것이다. 문해 프로그램은 매우 매력적이고 도전적이다.(영어과나 사회과에서 학점 이수 가능)

e. ESL[6)]수업과 새 이민자를 위한 오리엔테이션 프로그램

지역사회에 새로 이민 온 이민자들이 있다면, 그들에게 영어를 가르치고 미국문화와 생활방식을 가르칠 필요가 있다.(영어과나 사회과에서 학점 이수 가능)

f. 교육 멘토 프로그램 제공

중·고등학교 학생들은 자신들이 잘 하는 과목을 초등학교 학생들에게 가르칠 수 있는 아주 좋은 기회를 갖는다. 비슷한 또래가 가르치는 것은 학생에게 많은 도움을 제공할 수 있고, 가르치는 사람에게도 매우 풍부한 경험이 된다.(사회과나 모든 교과에서나 학점 이수 가능)

g. 경찰서 업무

여기에는 경찰서에서 사무 보는 일이 포함되고, 또는 10대 청소년들이 경범죄를 저지른 경우에는 동승순찰 직무의 형태를 취할 수도 있다.(사회과에서 학점 이수 가능)

h. 법정업무

여기에는 노트필기, 타이핑 절차, 변호사·검사·판사 돕기가 포함된다.(사회과에서 학점이수 가능)

---

6) 역자주— English as a Second Language : 영어가 모국어가 아닌 사람들을 위한 제 2 언어로서의 영어.

i. 숙제 도와주기

이것은 11학년 이하 학생들 중 숙제하는 데 도움이 필요한 학생들을 도와주는 일이다(Solomon & Scott, 1988 and Singh, 1987 참조).(관련교과에서 학점이수 가능)

j. 산업단지에서 일하기

이것은 학생들을 다양한 종류의 회사, 일에 관한 과학적인 시각, 회사의 재정적인 면, 회사 운영에 있어서의 인간관계 등에 관해 오리엔테이션 시킨다. 수행된 일은 학생들의 요구, 재능, 관심에 따라 다양한 형태를 띨 수 있다.(관련교과에서 학점이수 가능)

k. 은행과 재정 기관에서 일하기

학생들에게 계산하는 것이 요구될 때, 수학을 생동감 있게 할 수 있고, 그에 따라 학생이 얻게 되는 이익은 굉장히 클 것이다.(수학과에서 학점 이수 가능)

l. 신체장애자, 학습장애자 돕기

신체장애자나 학습장애자의 요구와 관련된 지식과 기능을 학습하는 것 이외에도 배려의 정의적인 감정을 발달시킬 수 있다.(관련교과에서 학점 이수 가능)

m. 지역사회의 어린아이들을 위한 토요일 오전 활동

이것은 토요일 오전에 지역사회의 특정 장소에 가서 어린아이들에게 이야기를 해주고, 함께 게임하고, 자원봉사활동을 하거나 기타 건전한 활동 등을 하는 것을 말한다.(사회과에서 학점 이수 가능)

n. 육아센터에서 일하기

이것은 아이들을 좋아하는 학생들이나 아동발달에 관심 있는 학생들

에게 특히 의미 있는 경험이다. 일은 여러 가지의 형태가 있을 수 있다.(사회과에서 학점 이수 가능)

o. 가정방문해서 아이 돌보기

이것은 아이를 돌봐주는 것이 필요한 부모를 위해 직접 아이를 돌봐주거나, 또는 아이들 돌보는 것을 부모에게 가르치는 일이다.(사회과에서 학점 이수 가능)

p. 엔지니어, 건축가, 디자이너와 함께 일하기

이것은 기하학과 미술을 생동감 있게 할 수 있다. 이러한 작업은 매우 창의적이고 도전감을 주는 일이다.(수학과나 미술과에서 학점이수 가능)

q. 지역사회 프로젝트 일하기

이것은 지역사회나 지역사회 부문의 후원을 받는 프로젝트에 학생들이 참여하는 것이다. 건설현장이나 공공 도서관, 청소 캠페인, 포스터 만들기, 무료 식사 제공 또는 지원자를 필요로 하는 프로젝트에서 일하는 것이 포함된다.(관련 교과에서 학점 이수 가능)

r. 호텔, 식당, 사업체에서 일하기

이러한 영역에서 학생들을 위한 의미 있는 일이 계획된다면, 학생들은 소규모 사업이 어떻게 운영되는지를 실제로 경험해볼 수 있는 좋은 기회를 갖게 될 것이다.(관련 교과에서 학점 이수 가능)

s. 학교에서 일하기

이것은 학교 행정가, 도서관 사서, 교사를 돕는 일이다. 물론 이 일은 도전감을 주고, 학습경험에 도움이 되며, 보상이 주어지는 경험이다.(관련 교과에서 학점 이수 가능)

t. 레크리에이션 센터에서 일하기

이것은 게임이나 토의에서의 사회성 함양 및 대인 간의 관계, 또는 신체단련이나 훈련의 형태를 띤다. 이것은 특히 레크리에이션 센터의 젊은이들에게 도움이 된다.(보건, 체육, 사회과, 과학과에서 학점 이수 가능)

이러한 일들을 최선을 다해 효과적으로 하기 위해서는 학교(경영자, 교사, 학생), 학부모, 지역사회 전체(시민의 지도자, 사업가, 조직, 전문가들, 사회사업가, 서로 다른 프로젝트와 기업에 종사하는 사람들)의 공동의 노력이 필요하다.

지역사회가 다양한 기능과 자원활동을 하기 위해 학교 안으로 들어오고, 고등학교 학생들이 의미 있는 지역사회 활동에 자원해 참여함으로써, 학교-지역사회 간에 활발하게 통합과 상호작용이 일어난다. 이것은 학교와 지역사회 모두에게 이익이 된다. 학교 안에 작은 사회를 발달시키는 것은 올바른 방향을 위한 매우 작은 시작이 될 것이다. 그러나, 이것은 전인교육을 통해 도달할 수 있는 수준에는 못 미치는 일이다.

3 지역사회 일에 참여하여 얻는 이점

지역사회의 봉사활동으로부터 얻을 수 있는 이점 중 몇 가지는 매우 분명하지만, 그렇지 않은 것도 있다. 전인교육은 학생들이 지역사회 봉사활동에 참여한다는 개념을 지지할 뿐만 아니라, 다음과 같은 주요한 이점 때문에 지역사회 일을 필요로 한다.

a. 지역사회 봉사활동은 학생들의 자아개념, 자아상, 자기가치를 지지해준다. 즉, 학생에게 자신들이 필요한 사람이라는 것을 느끼게

한다.

b. 실제로 모든 교과에서의 학문적 수행이 향상될 것이다.

c. 비록 자원 봉사 활동이라는 것이 강조되지만, 다양한 여러 활동에 참여하는 것은 수입의 원천이 될 수 있다.

d. 이러한 경험은 학교 졸업생에게는 전일제 고용으로 연결될 수 있다.

e. 이러한 경험은 학생들로 하여금 그들이 참여해 보았던 분야를 전공하도록 동기부여 할 수 있다.

f. 학생들은 분명히 방황, TV보기, 흡연, 음주, 마약 등 바람직하지 않은 일에 덜 시간을 보내게 될 것이다.

g. 학교 친구들, 집안 식구들, 지역사회 성원들 간에 일어나는 상호작용의 질이 고양될 것이다. 왜냐하면, 수백 명의 학생들이 가치 있는 어떤 일을 하고, 그것에 대해 자기 생각을 말하며, 의견을 교환할 것이기 때문이다.

h. 일이 행하여지는 곳이 가정, 학교, 사무실, 기관 등 어디든지 간에, 학생의 서비스를 받는 사람들의 몫, 상황, 기준, 일 등은 향상될 것이다.

i. 지역사회의 전반적인 분위기가 향상될 것이다. 왜냐하면, 많은 학생들이 다양한 방식으로 지역사회의 복지를 위해 기여하기 때문이다.

j. 학부모는 그들 자녀와 학교를 자랑스럽게 여기고 행복해 할 것이다.

k. 학생들은 다양한 영역에서 실제로 책임을 떠맡아 봄으로써, 책임감을 강화시킬 수 있을 것이다.

l. 학생들은 시간의 가치를 알게 될 것이다. 그들은 시간을 정확히 지킬 줄 알게 되고, 자신의 시간계획을 짜는 데 필요한 기능을 익히게 될 것이다.

m. 모든 학생들은 학교와 지역사회에서 자기의 위치를 찾게 될 것이다. 이것은 매우 실제적인 방식으로 매우 많은 학급과 학교에서 평균의 보통 학생들이 무시되는 경향을 상쇄시켜줄 수 있을 것이다.

n. 지역사회는 일반적으로 학교에 대해 흥미를 느끼고, 학생들에 대한 배려를 발달시킨다. 특히, 학생들이 지역사회의 생활에 필요하고 의미 있는 기여를 하게 될 때, 더욱 그렇다.

학교는 학생들에게 건강하고 활기찬 삶을 줄 수 있도록 준비되어야 한다. 학생들의 일을 다양한 지역사회 부문의 일과 함께 조정하고, 지역사회로 하여금 학생들에게 유사한 경험을 제공하게 함으로써, 학교는 그러한 일을 하게 될 것이다.

13
전인교육의 실행

1 들어가며

지금까지 전인교육이 전체 교육활동(중등학교)을 새로운 경향에서 다룬다는 것을 충분하게 설명하고자 했다. 이 책에서 언급한 한 두 가지 혹은 몇 가지의 시각과 관점으로 오늘날의 중등교육이 직면한 문제를 해결할 수 있을 것이라고 가정하는 것은 잘못이다. 몇 가지 임시방편적인 해결책으로는 중등교육의 심각한 문제들을 적절하게 해결할 수 없다. 지금 존재하는 적합성의 간극을 근절하거나 아니면 적어도 그 영향력을 줄이기 위해서는, 교육현장에 있는 모든 것들이 정면에서 직접적으로 다루어져야 할 것이다.

이미 언급한 것처럼, 전인교육이 어떤 하나의 특정한 공식을 찬성하는 것은 아니다. 내용과 방법에서의 독창적인 접근과 창의적인 혁신은 무수히 많다. 물론 이것은 규정된 교육과정 내용과 학교 및 교사가 사용하는 교육방법에 관한 것이다. 동일한 원리가 본 장에서 제시하는 권장사항에도 해당된다. 권장사항은 전인교육의 원리와 실천을 실행하기 위한 고정된 공식이 아니다. 그것은 중등교육의 새로운 경향을 나타내는 제언으로서 의미가 있다. 그러나 구체적인 제언과 권장사항이 특정한 상황과 조건에 부합하기 위해서 방법적으로 수정될 수 있겠지만, 언급된 모든 영역들이 바람직한 변화와 결과들을 낳도록 어떤 방식으로든지 간에 함께 다루어져야 한다는 것을 깨닫는 것이 중요하다(Toch, 1991 참조).

2 전인교육의 주요 목표

이러한 바람직한 변화와 결과들에 대한 명백한 아이디어를 갖도록 전인교육의 주요 목표를 적극적 목표와 소극적 목표로 나누어 제시한다. 우리가 성취하고자 하는 것(적극적 목적)이 무엇이며, 피하거나 줄이고 심지어는 제거하기를 원하는 것(소극적 목적)이 무엇인지를 아는 것이 좋겠다.

a. 적극적 목표

간략히 말하면, 전인교육의 주된 적극적 목표는 다음과 같다.

- 학생의 자아상을 고양시킨다.
- 다른 사람들에 대한 학생의 가치를 고양시킨다.
- 학생들이 학교교과를 더 열심히 공부하도록 동기부여한다.
- 학생들이 책임 있는 성원과 시민으로서 사회에서 자신들의 적절한 위치를 발견하도록 동기부여한다.

· 교육이 학생들의 삶에 적합하도록 만든다.
· 모든 교과에서 학력수준을 높인다.
· 직업과 취미에 관련된 건전한 흥미를 발달시킨다.
· 모든 영역에서 국제적인 경쟁력을 달성한다.
· 집, 학교, 지역사회에서 보다 건강하고 건전한 풍토를 만든다.

b. 소극적 목표

간략히 말해서 전인교육의 주된 소극적 목표는 다음과 같다.

· 학생들이 느끼는 지루함, 무관심, 낙담을 줄이거나 없앤다.
· 학교에서의 학생 수 감소와 중퇴율을 줄이거나 없앤다.
· 교육에서 적합성의 간극을 줄이거나 없앤다.
· 게으름과 무의미하게 시간을 보내는 것을 줄이거나 없앤다.
· 술과 마약의 사용을 줄이거나 없앤다.
· 범죄와 다른 불법적인 행위를 저지르는 것을 포함하여 바람직하지 못한 행동을 줄이거나 없앤다.

3 실제적인 권장사항

위에서 언급한 적극적 목표와 소극적 목표를 달성하도록 하기 위해, 다음의 실제적인 권장사항을 제시한다. 이러한 권장사항들은 이전에 언급한 사항들을 반드시 요약한 것은 아니다. 권장사항과 관련해서 좀 더 자세하게 살펴보려면, 이 책의 관련 장과 절을 다시 보는 것이 좋겠다.

a. 교육과정에 해당하는 권장사항

전인교육 접근의 핵심은 철저히 점검하고 개선하는 교육과정이다. 이것이 정확히 1장에서 언급한 바 있는 '방향 있는 변화'와 '질적인 변화'가 있는 접근이다.

· 수업시간을 오후 3시까지 한 시간 늘려라(11학년과 12학년에게 주당 4일의 수업시간을 오후 4시까지 늘림으로써, 토요일 이외에도 지역사회 활동에 일주일에 오전과 오후 한 번씩을 참여할 수 있게 한다).

· 한 학년의 수업일수를 적어도 210일까지 늘려라.

· 일반적인 학교목표와 다양한 학문영역 혹은 통합된 학문의 목표를 다시 진술해라. 이러한 목표들을 정기적으로 검토하고 관련된 모든 사람(교사, 학생, 학부모나 보호자)이 이러한 목표를 꾸준히 염두에 두고 있는지를 분명히 해라.

· 학교에 의해 지원되는 모든 활동(교실 활동이든, 교실 밖 활동이든)은 진술 목표를 달성하기 위한 수단으로서 설계되고 제시된다는 것을 분명히 해라.

· 수업에 사용된 다양한 교구와 방법이 목표를 성취하는데 적합한지를 분명히 해라.

· 학생들에게 교과의 적합성을 증진시키기 위해서 의미 있고 실제적인 방식으로 상이한 학문영역들을 통합시켜라(예: 모든 학문은 문학작품처럼 읽을거리로 활용될 수 있다는 점에서 언어 교과목의 요소가 될 수 있다. 언어의 기준과 요구조건은 다른 모든 학문에 적용될 수 있다. 과학과 사회과학은 적어도 어떤 영역에서 매우 효과적으로 서로 관련될 수 있다. 예술은 모든 다른 학문에 스며들 수 있다).

· 과학이 갖는 독특한 계열성을 흥미롭고, 적합하고, 실제적이고, 엄밀하도록 하기 위해 통합적인 방법으로 그 계열성을 설계해라. 이러한 계열성이 효과적으로 설계된다면, 학생들은 과학을 깊이 연구할 것이며, 결과적으로 4년에 걸쳐 각각 1년을 생물학, 화학, 물리학, 지구과학을 공부하는 데 보낼 것이다(세계 여러 지역의 학교들

은 이와 같은 것을 요구한다).

- '새로운 생활수학 코스'를 설계하고 모든 학생들에게 그것을 필수 과목으로 요구해라(더 자세한 것은 9장을 참조하라).
- 대수학, 평면 기하학, 그리고 실제적이고 현실적인 방식으로 약간의 디자인과 입체 기하학의 요소를 포함하는 또 다른 '일반수학 코스'를 설계해라(생활수학 코스가 성공한다면, 학생들은 필수가 아니더라도, 일반수학 코스를 선택하고 싶어 할 것이다).
- 특히 제한 없이 다양한 방법을 사용하여 모든 코스들을 자유롭게 하려고 노력해라.
- 9학년과 10학년 학생은 관찰자로서 지역사회의 다양한 분야에서 진행되고 있는 것을 실제로 직접 보고, 11학년과 12학년 학생들은 지원자로서 지역사회에서 직접 일하는 경험을 할 수 있도록 교육과정과 지역사회 생활을 통합시켜라.
- 보다 적절한 교과서가 선택될 수 있도록 다양한 코스에 통합적인 자료를 준비해 놓아라(교육과정의 상이한 측면들에 관한 보다 세부적인 사항은 5-10장을 참조하라).

b. 학생들에게 해당하는 권장사항

전인교육 접근에서 주된 관심사는 개별적인 학습자이다. 방향 있는 변화와 질적인 변화는 개별적인 학습자에게 훨씬 더 효과적으로 도움을 주려고 한다.

- 새로운 프로그램에 학생들이 전념하게 해라. 학생들은 자신들의 삶이 새로운 접근에 영향을 받고, 그 새로운 접근에 적극적인 참여자가 될 것이라는 것을 알 때, 그들은 그 접근의 일부분이 되도록 크게 동기부여 될 것이다.
- 배경, 흥미, 취미, 특별한 재능, 강점, 약점 등에 관한 정보를 얻기

위해 각각의 학생에 대한 자료철을 준비해라.

· 학생의 요구와 최선의 활동경로를 분석하기 위해 자료철을 이용해라.
· 학업코스와 지역사회에서 관찰할 수 있고 활동할 수 있는 영역들이 포함된 개인용 4년 프로그램 시안(a tentative individualized four-year program)을 설계해라.
· 변화하는 요구와 흥미에 따라 바람직하게 조정하면서, 개인용 프로그램을 정기적으로 새롭게 짜라.
· 학교와 지역사회에서 학생들이 학업프로그램과 지역사회 활동에 대해 자기의 생각을 표현할 수 있는 상이한 통로를 제공해라(개별적인 학습자로서 학생에 관한 보다 세부적인 사항은 3장을 참조하라).

c. 교사에게 해당하는 권장사항

교사는 학생을 다루는 제일선의 사람들이다. 전인교육의 방향으로 교사들을 움직이도록 조장하기 위해 가능한 모든 것들이 행해져야 할 것이며, 그들의 과제를 촉진시키기 위해 모든 규정이 만들어져야 할 것이다.

· 교사들이 새로운 전인교육 프로그램에 전념하도록 해라.
· 교사들이 전인교육의 목표, 철학, 혁신적인 방법에 대해 더 많이 알도록 하고, 그들의 동료와 전문적으로 전인교육을 논의하도록 고무시켜라.
· 점점 더 효과적인 전인교육 교사가 되도록 교사들을 교육하고, 재교육하고, 재정비하는 것을 도와줘라.
· 교사의 재능과 흥미에 따라서 교사마다 다른 과제를 내줘라. 모든 교사들이 똑같은 방식으로 똑같은 것을 할 필요는 없다. 전인교육은 융통성 있게 설계되고 모든 교사의 특별한 기능과 능력을 가장

잘 활용할 수 있도록 설계되어야 한다.

· 수업을 계획하고 조정하는데 시간을 할애하도록 교사의 수업시간을 줄여라.

· 교사들의 직업적인 성장을 고무시켜라. 특히 그들이 보다 효과적인 전인교육 교사가 될 수 있는 영역에서 직업적인 성장을 할 수 있도록 해라(학습촉진자로서 다양한 측면의 교사 업무에 관한 보다 세부적인 사항들은 4장을 참조하라).

d. 학교행정가들에게 해당하는 권장사항

학교행정가들은 교사의 활동을 주로 촉진하는 사람들이다. 학교행정가들이 교사와 학생의 복지를 위해 내보이는 배려뿐만 아니라 그들이 학교와 지역사회에서 세운 교풍이 교육을 훨씬 더 성공적인 일로 만드는데 유용하다.

· 학교에서 긍정적이고 건전한 풍토를 만들어라. 교사와 학생의 복지에 마음을 써라.

· 사람들을 효율적으로 다루어라. 모든 요구사항과 문제들을 공손하면서도 신속히 다루어라.

· 교사들이 전인교육 프로그램을 계획하는 것을 도와줘라. 교사들과 그들의 노력 뒤에는 바로 당신이 있다는 것을 알게 해주는 것이 중요하다.

· 당신 자신을 학생들이 활용하도록 해줘라. 이것이 래포(rapport)를 형성하고 협동하도록 하는데 큰 도움을 줄 것이다.

· 교사와 학생에게 높은 기준을 설정해라. 기대에 따라 항상 행동적인 반응이 나타나게 마련이다.

· 학부모, 보호자와 관계를 잘 맺어라. 그들은 어린이의 복지에 가장 관심있는 사람들이다.

· 지역사회 지도자 및 일반사람들과 관계를 잘 맺어라. 지역사회 후원(도덕적, 재정적, 직업적인 후원)이 학교가 성공하는데 필수적이다.
· 학교 프로그램에 학부모와 지역사회 지도자의 협력을 요청해라.
· 전인교육 프로그램의 다양한 측면에 자금을 공급하기 위해서 재단이나 지역사회에 기금을 요청해라.
· 주 교육부는 대안적인 자격조건을 생각하고, 계획하고, 고안해낼 수 있어야 한다. 학교제도는 엄격한 자격조건에 부합하지는 않지만, 가르칠 수 있고 높은 기량의 역할 모델을 제공해 주는 매우 재능이 있고 풍부한 경험이 있는 사람들의 서비스를 놓치기 때문에 실패자이다.
· 사범대학은 주의 자격조건을 넘어서, 학위 프로그램에서 많은 선택과 보다 대안적인 길을 제공하는데 혁신적이고 융통성이 있어야 한다.(학교행정에 관한 보다 세부적인 사항들은 11장을 참조하라.)

e. 학부모와 보호자에 해당하는 권장사항

학부모와 보호자들은 아이들의 복지에 가장 관심이 있는 사람들이다. 게다가 학교는 학부모의 지원이 필요하다.

· 학교가 하고 있는 일에 관심을 가져라. 학교가 제공하는 정보에 뒤떨어지지 않도록 하고, 꾸준히 당신의 자녀들에게 그들의 활동에 대해 물어 봐라.
· 가능한 한 학교의 많은 행사에 참석해라. 이러한 행사들은 전시회, 전람회, 오픈 하우스, 연극공연, 토론회, 강연회, 교사-학부모 모임, 스포츠 모임, 친목회, 졸업식 행사 등을 포함한다.
· 당신이 잘 할 수 있고 편리한 방식으로 학교에 자원봉사해라.
· 도덕적으로나 그 밖의 것으로 학교를 지원해라. 학교는 당신의 아

이들을 돕는다. 당신이 할 수 있는 한, 학교에 도움을 제공하는 것이 필요하다.

· 지역사회에서 학교의 복지를 증진시켜라.

f. 지역사회에 해당하는 권장사항

학교는 지역사회의 중요한 부분이다. 지역사회의 모든 성원은 학교에서 이루어지고 있는 것에 진정한 관심을 나타내야 할 것이다. 10대들은 지역사회의 상당한 부분을 차지한다. 학교에 중요한 관심을 보여주고 필요한 도움과 지원을 제공해 주는 것이 행복하고 평화로우며 문제가 없는 지역사회를 만든다.

· 학교가 하고 있는 것에 관심을 가져라.

· 가능한 한 학교의 많은 행사에 참석해라.

· 학교에 자원봉사해라. 이것은 학교에서 행하는 서비스(타이프 치거나, 강의하거나, 교실 밖 활동을 지도하는 것 등)의 형태를 취할 수도 있고 혹은 당신의 일터를 학생들이 관찰하거나 자원봉사활동을 하도록 개방하는 형태를 취할 수도 있다.

· 학교를 도덕적으로, 재정적으로 후원해라.

· 학교가 지역사회에서 당신에게 자부심의 원천이며 당신이 사는 지역을 방문한 사람들에게 보여줄 만한 긍정적인 장소가 될 수 있도록 지역사회에서 학교의 복지를 증진시켜라.

· 프로젝트나 혁신적인 실험을 재정적으로 뒷받침 해주기 위해 학교에 기금을 제공함으로써 당신의 사업을 번창하게 해라.

· 당신 지역사회의 모든 기관들이 응집력이 있는 전체로서 작용하도록 도와주어라. 결과적으로 당신이 사는 지역사회는 살기에 훨씬 행복한 곳이 될 것이다(지역사회에서 학생의 활동과 지역사회 참여에 대한 보다 세부적인 사항은 12장을 참조하라).

14
결론

1 혁명인가? 발전인가?

우리가 교육의 질을 추구한다면, 우리는 전인교육을 피할 수 없을 것이다. 어떤 사람들은 전인교육이 본질적으로 교수-학습 분야에서의 과거 경험의 자연적인 결과라고 생각한다. 즉, 세계적으로 교수-학습분야에서 과거의 성공과 실패의 결과라는 것이다. 한편, 어떤 교육학자들은 전인교육을 혁명적인 경향을 나타내는 것이라고 잘못해석하기도 한다.

전인교육을 혁명적이라고 생각하는 것은 전인교육을 잘못 해석하고, 교육의 과정을 원칙적으로 잘못 이해한 것이다. 교육적인 과정은 혁명적인 방법으로는 효과적인 어떤 것도 초래할 수 없다. 교육의 과정은 그 특성상 본질적으로 발전적이다. 어떤 교육적 노력이나 시도에서 효과적인 결과를 가져오기 위해서는 다음 세 가지 노력이 필요하다.

a. 목적 있는 노력(a purposeful effort)
b. 지속적인 노력(a sustained effort)
c. 공동의 노력(a concerted effort)

분명한 목적과 목표는 성공의 열쇠이기 때문에 목적 있는 노력이 가장 중요하다. 사실 성공 자체는 처음의 목적과 목표에 비추어서 측정된다. 목적을 갖는다고 그 자체가 저절로 성공이나 성공의 정도를 보장하는 것은 아니다. 그러나 분명하고도 성취가능한 목표를 갖고, 그 목표를 달성하기 위해 노력하는 것은 적어도 두 가지 방식으로 세계에서 큰 차이를 만들어 낸다. 첫째, 목표 자체는 성공이나 실패 또는 결과에서의 어떤 변화를 잴 수 있는 믿을 만한 척도를 제공한다. 둘째, 목표는 노력한 후에 오는 성취감을 정당화 해준다.

지속적인 노력은 계속성과 일관성을 유지하기 위해 필요하다. 시작이 반이라고 하지만 일을 끝까지 해내기 위해서는, 그 모험을 끝가지 해보려는 지속적이고 중단하지 않는 노력이 있어야 한다. 지속적인 노력이란, 의도한 목적에 관련된 모든 요인과 적합한 요인이 그 노력에 기여할 수 있도록 하고, 무관하며 부적합한 요인은 과정에 끼어 들지 못하게 하거나 결과에 영향을 미치지 못하도록 하는 것을 뜻하기도 한다.

공동의 노력이 필요한 것은, 성공을 위해서 모든 사람들, 즉 그 활동에 관련되어 있고, 관심이 있거나, 활동에서 주요한 역할을 맡은 사람이 한두 가지 방식(참여, 도움, 격려, 고무, 카운셀링, 충고, 분담, 배려 등)으로 함께 참여해야 하기 때문이다.

한편, 전인교육을 교육에 대한 전체적인 과거 경험의 자연적인 결과라고 생각하는 것이 반드시 전인교육에 대한 진실의 전부를 나타내는 것은 아니다. 어떤 경험의 자연적인 결과란 과거 경험과 동일한 방식이나 방향으로 추후의 행위를 그려낸다는 뜻으로 해석될 수 있다. 전인교육이 혁명적인 아이디어를 뜻하지는 않지만, 방향과 경향에서는 기본적으로 변화를 함의한다. 각각의 특정 영역, 분야, 학문을 구획된 부분으로 보는 것은 선형적 교육관(linear view of education)을 갖는 것이다. 선형적 교육관은 지식을 구획 짓고, 교육을 경직되고 편협하며 부적합한 것으로 만든다. 교과 영역 간에 다양한 방식으로 관련짓는 간학문적 접근은 현저한 개선을 보이지만, 2차원적 접근에 불과하기 때문에 충분하지는 않다. 전인교육은 3차원적이다. 전인교육은 간학문적 교육과정에서보다 더 넓고 깊은 방식으로 교과와 교과를 관련지을 뿐만 아니라, 이러한 학문과 지식·기능의 영역을 지역사회와 환경 안에서 개개 학생들이 갖는 생활경험과 관련짓는다. 이것은 교육의 과정을 학생의 전체 생활과 경험에 중요한 부분이 되게 한다. 전인교육은 교육의 과정을 각각의 학생에게 의미 있고 적합한 경험이 되게 함으로써 지식, 기능, 태도, 감정을 각각의 학생과 관련짓는다.

전인교육에는 정해진 공식이 따로 없다. 전인교육을 위한 제 1단계는 이러한 접근에 철저하게 헌신하는 것이다. 이러한 헌신을 넘어서 다양한 형식과 혁신이 끝없이 전개된다. 사범대학은 예비교사들이 전인교육의 개념을 수용할 뿐만 아니라, 혁신적인 방법으로 전인교육 과정에 기여할 수 있는 지식, 기능, 경험을 갖출 수 있게 교육시킬 필요가 있다. 현직에 있는 교사는 세미나, 워크샵, 여름강좌, 저녁강좌 등에서 새로운 접근을 교육받아야 한다. 학문과 학문 간의 경계를 넘나들 수 있고, 학생에게 생동감 있고 건전하며 의미 있는 경험을 제공할 수 있도록, 교과서를 다시 써야 한다. 학부모와 지역사회 성원들에게도 이러한 접근에 대해서 알려주고, 모든 다양한 방식으로 그 과정에 적극적으로 참여함으로써 전인교육 접근에 기여할 수 있게 해주어야 한다(Agresto,

1991 참조).

전인교육을 받는 학생들은 그들이 학습하는 것이 재미있고 자신에게 적합한 것일 뿐만 아니라, 그 과정을 통해서 실제 삶의 활동과 경험에 적극적으로 참여하는 사람이 되기 때문에 의욕이 넘치게 된다. 이것은 학생에게 두 가지 측면에서 이익을 준다. 사회 안에서 서로 함께 살아갈 때 개인적으로 자기가 맡은 역할을 깨닫게 하고, 자기가 정말로 누구인지를 발견하게 하는 것이 바로 그것이다.

2 주의사항

일반적으로 부정적인 주의사항에 관해 언급하면서 글을 맺는 것은 바람직한 것이 아니다. 하지만, 여기에서 피할 수 없는 세 가지 사항을 언급할 것이다. 그것들은 부정적인 시사점이라기보다는 긍정적인 시사점을 갖는다.

a. 주의할 첫 번째 사항은 학습장애 학생들에게 전인교육을 적용했을 경우 생기는 전인교육의 한계와 관계된 것이다. 난독증, 자폐증, 실어증, 정신 지체, 뇌성마비, 다운증후군 등을 앓는 학생에게 전인교육을 적용하면, 처음에는 몇 가지 문제가 생길 것이다. 장애가 있는 경우에는 보다 개별화된 접근이 권장된다. 하지만 전인교육의 어떤 측면이 성공적으로 잘 사용되기만 하면, 제대로 작용할 수 있다. 그리고 이때 결과와 성취는 기대하는 것 이상이 된다. 이것 자체가 학습장애아들의 요구에 대한 가장 의미 있는 답이 될 수 있다.

b. 두 번째 주의사항은 한 가지나 그 이상의 분야에 교정이 필요한 학생에 관한 것이다. 이 경우, 교정활동은 약점이 있는 분야에 집중되어야 한다. 특히, 지식보다 기능 영역에 교정이 필요한 경우

에 더욱 그렇다. 연습은 기능을 완전하게는 아니지만 그 기능을 영구적인 것으로 만들 수 있다. 또 연습은 보통 한 번에 하나의 기능에 집중하게 된다.

c. 마지막으로 다양한 능력을 가진 보통 학생에 관한 것이다. 그들의 학습양식은 전체보다는 부분에 더 적극적으로 반응한다. 전인교육 접근을 성급하게 적용하다 보면 교육적으로 역효과를 가져올 수 있다. 따라서 그런 학생들을 위한 통합적 접근은 학생들이 그 접근에 대한 준비가 되어 있을 때, 점차적으로 도입되어야 한다. 그럴때 비로소 그들은 통합적 접근(a holistic approach)에 긍정적이고 열광적이며 또, 성공적으로 반응할 것이다.

주/참고문헌

Agresto, John, "The Failure of American Education as Both a Radical and a Conservative Enterprise," in Stephen M. Krason (Editor), *The Recovery of American Education: Reclaiming a Vision*, University Press of America, Lanham, MD, 1991, pp. 1−8.

America 2000: an Education Strategy: Sourcebook, U.S. Government Printing Office, 1991, pp. 59−65.

Barnes, Douglas, *From Communication to Curriculum* (Second Edition), Boyton/Cook Publishers, Heineman, Portsmouth, NH, 1992, pp. 139−157.

Blaisdell, Muriel L., "Academic Integration: Going Beyond Disciplinary Boundaries," in Laurie Richlin (Editor), *Preparing Faculty for the New Conceptions of*

Scholarship, Jossey－Bass Publishers, San Francisco, 1993, pp. 57－68.

Bonstingl, John Jay, *Schools of Quality: an Introduction to Total Quality Management in Education*, Association for Supervision and Curriculum Development, Alexandria, VA, 1992, pp. 6－19.

Bruell, Christopher, "Liberal Education and Education for Citizenship," in Stephen M. Krason (Editor), *The Recovery of American Education: Reclaiming a Vision*, University Press of America, Lanham, MD, 1991, pp. 75－86.

The Condition of Education 1992, National Center for Education Statistics, U.S. Department of Education, 1992, pp. 42－50 and 27.

Cornbleth, Catherine, *Curriculum in Context*, The Falmer Press, Bristol, PA, 1990, pp. 155－168 and 174－179.

Deal, Terence E., "School Culture: Balancing Tradition and Innovation," *Independent Schools Independent Thinkers*, edited by Pearl Rock Kane, Jossey－Base Publishers, San Francisco, CA, 1992, pp. 234－245.

Digest of Education Statistics 1992, National Center for Education Statistics, U.S. Department of Education, 1992, pp. 181 and 142.

Elam, Stanley M., Lowell C. Rose, and Alec M. Gallup, "The Annual Gallup Poll of the Public's Attitudes Toward the Public Schools," *Phi Delta Kappan*, September, 1991, pp. 41–56.

Gillis, Candida, *The Community as Classroom: Integrating School and Community Through Language Arts*, Heinemann, Portsmouth, NH, 1991.

Keen, John, *Language and the English Curriculum*, Open University Press, Buckingham, England, 1992, p. 40.

Marsh, Colin J., *Key Concepts for Understanding Curriculum*, The Falmer Press, Birston, PA, 1992, pp. 51–57.

The National Council on Education Standards and Testing, *Raising Standards for American Education: a Report to Congress, the Secretary of Education, the National Education Goals Panel, and the American People*, Washington, DC, January 24, 1992, pp. 9 and 27.

Page, Reba and Linda Valli, "Curriculum Differentiation: an Introduction" and "Differentiation: A Conclusion," in *Curriculum Differentiation: Interpretive Studies in U.S. Secondary Schools*, edited by Reba Page and Linda Valli, State University of New York Press, Albany, NY, 1990, pp. 1–15 and 231–242.

Peter, Laurence F., and Raymond Hull, *The Peter Principle*, William Morrow and Company, Inc., New York, 1969, p. 16.

Schlecty, P.C., *Schools for the 21st Century*, Jossey–Bass Publishers, San Franciso, CA, 1992.

Schubert, William H., "Curriculum Reform," *Challenges and*

Achievements of American Education: the 1993 ASCD Yearbook, edited by Gordon Cawelti, Association for Supervision and Curriculum Development, Alexandria, VA, 1993, pp. 80−111.

Short, Kathy G. and Carolyn Burke, *Creating Curriculum: Teachers and Students as a Community of Learners*, Heinemann Educational Books, Inc., Portsmouth, NH, 1991, pp. 9−32.

Sigel, Roberta S., "Democracy in the Multi−Ethnic Society," and Marilyn Hoskin, "The Challenge of the Multi−Ethnic Society," in Roberta S. Siegel and Marilyn Hoskin (Editors), *Education for Democratic Citizenship: Challenge for Multi−Ethnic Societies*, Laurence Erlbaum Associates, Publishers, Hillsdale, NJ, 1991, pp. 3−19.

Singh, Balwaut, "Homework and Homework Hotlines: Views of Junior High School Students, Teachers, and Parents," *Spectrum*, Volume 5, No. 3, Summer, 1987, pp. 14−18.

Solomon, Alan and Leotine Scott, "Project HELP − the Home Education Learning Project: A History and Analysis of a Telephone Assistance Program for Homework," a paper presented at the Annual Meeting of the American Educational Research Association (New Orleans, LA, April 5−9), 1988.

Staszewski, James J., *Skill and Skilled Memory. Final*

Report. Research Report. Office of Naval Research, Arlington, VA, Cognitive and Neural Sciences Division, 1990.

Taylor, A. and G. Vlastos, B. Wise, and J. Wise, *Head Start Classroom of the Future*, Preliminary Reports to Health and Human Services, Albuquerque, NM: University of New Mexico, 1989－92.

Toch, Thomas, *In the Name of Excellence: the Struggle to Reform the Nation's Schools, Why It's Failing, and What Should Be Done*, Oxford University Press, New York, 1991, pp. 40－71.

Yager, R.E., ed. *What Research Says to the Science Teacher*: Volume F. Washington, DC: National Science Teachers Association, 1993.

<역자 주>

－Peter, L. and Hull, R.(1994). *The Peter Principle* (피터의 법칙 – 창조적 무능을 위하여), 강재준 역. 서울: 미래사.

－미국심리학회(2013). APA논문작성법. 강진령 편. 서울: 학지사.

－http://ko.wikipedia.org/wiki

인명색인

내용색인

ㄴ

ㄷ

ㄹ

ㅇ

ㅈ

ㅎ

저자/역자 소개

■ 지은이 : 라자 너쉬르(Raja T. Nasr)

베이루트의 아메리카 대학(American University of Beirut)의 영어연구·교수센터 소장 역임/ 베이루트 대학(Beirut University College)에서 교육학·언어학 교수, 학장, 부총장 역임/ 아랍권에서 교육부 교육과 언어 자문관 역임/ 중동, 아프리카, 유럽, 영국, 미국 등 20여 개국에서 교사교육 담당/ 40여 편의 논문과 55권의 저서 출간/ (현)미국 버어지니아 알링톤의 메리마운트 대학교의 교육학·언어학 교수이면서 외부 강연가로 활동 중

■ 옮긴이

▷ 강선보

<약력>

고려대학교 대학원 교육학과 졸업(교육학박사)/ 이스라엘 벤구리온 대학교 및 미국 위스콘신 대학교 연구교수/ 고려대학교 학생처장, 사범대학장 겸 교육대학원장, 부총장/ (현)고려대학교 사범대학 교육학과 교수, 한국교육학회 수석부회장(차기회장)

<저 · 역서>
『마르틴 부버의 「만남」의 교육』(원미사)/ 『교육학개론』(박영사, 공저)/ 『교육철학』(박영사, 공저)/ 『교육의 역사와 철학』(동문사, 공저)/ 『인성교육』(양서원, 공저)/ 『인간주의 교육사상』(박영사, 공역)/ 『교육의 잠식』(양서원, 공역)/ 『현대 교육철학의 다양한 흐름 I II』(학지사, 공역)/ 『열 계단』(대한기독교서회, 공역)/ 『대화와 교육』(교육과학사, 공역) 외 다수

▷ 정윤경

<약력>
고려대학교 대학원 교육학과 졸업(교육학박사)/ 한국교육과정평가원 후박사(Post-doc.) 과정 및 위촉연구원/ 경희대학교 교수학습센터 선임연구원/ (현)전주교육대학교 초등교육과 교수

<저 · 역서>
『루돌프 슈타이너의 인지학과 발도르프학교』(내일을 여는 책)/ 『새로운 학교 큰 교육이야기』(내일을 여는 책, 공저)/ 『새로운 교육의 탐색』(내일을 여는 책, 공저)/ 『루돌프 슈타이너의 교육론』(내일을 여는 책, 공역)/ 『인성교육』(양서원, 공저) 등

▷ 고미숙

<약력>
고려대학교 대학원 교육학과 졸업(교육학박사)/ University of Illinois at Urbana-Champaign에서 후박사(Post-doc.) 과정/ 고려대학교 교육문제연구소 연구교수/ (현)한남대학교 교육대학원 교수

<저 · 역서>
『대안적 도덕교육』(2006년 문화관광부 우수학술도서 선정)/ 『인성교육』(양서원, 공저)/ 『현대 교육철학의 다양한 흐름 I II』(학지사, 공역)/ 『열 계단』(대한기독교서회, 공역)/ 『대화와 교육』(교육과학사, 공역)/ 『교육철학』(문음사) 등